KB073843

행동재무학자 알 선생이 들려주는

선박 투자의 본질

행동재무학자 알 선생이 들려주는

선박 투자의 본질

초판 1쇄 발행 2024년 3월 20일

지은이 김우석
펴낸이 이기봉
편집 좋은땅 편집팀
펴낸곳 도서출판 좋은땅
주소 서울특별시 마포구 양화로12길 26 지월드빌딩 (서교동 395-7)
전화 02)374-8616~7
팩스 02)374-8614
이메일 gworldbook@naver.com
홈페이지 www.g-world.co.kr

ISBN 979-11-388-2858-1 (03320)

행동재무학자 알 선생이 들려주는

선박 투자의 본질

김우석 지음

좋은땅

알 선생(Alfred Kim, 김우석)

· 전라고
· 한국해양대학교 해사대학 해사수송과 학부 졸업
· 서울디지털대학교 세무회계학과 졸업
· SOAS, University of London, Diploma 졸업
· City, University of London, MSc in STF 졸업
· SUMS, University of Sheffield, MBA 졸업
· 한국해양대학교 대학원 해운경영학 박사 졸업

· 대한민국 해군
  - FF-951 울산함 사격통제관
  - 해군행정학교 본부대장
· MV Global Discovery 이등 항해사
· ㈜삼탄 해운팀 사원
· 한국선박금융㈜ 영업2팀 Project Manager
· SH마린㈜ 재무기획 팀장
· SMBC 영업3팀 선박금융 담당
· 한국자산관리공사 해양투자금융처 팀장

· 한국 금융연수원 강사 (2010~2022)
  - 해운금융 전문가 과정

· 저서
  - 『행동재무학자 알 선생이 들려주는
    〈선박 금융 이야기〉, 〈선박 투자 이야기〉, 〈선박 투자의 본질〉』

해운과 선박금융에 대해 열정적으로 공부를 하던 20~30대 시절 알 선생은 해양대 선배님들을 원망했었다. 해운과 선박금융에 대한 실질적인 사례나 경험을 얻을 수 있는 책을 구하기 어려웠기 때문이다. 해운업계나 선박금융 업계에 종사하시는 분들은 후배들을 위해 본인들이 겪은 소중한 경험과 사례들을 책으로 남겨주어야 한다고 주장한다. 이는 선배들의 사명이라고 알 선생은 생각한다.

인간은 본인이 자라 온 환경, 부모님, 성격, 기질, 가치관 등의 영향으로 유사한 생각과 결정을 하고 비슷한 후회를 하며 인생을 살아가는 것 같다. 그렇기에 본인이 가진 것을 버리지 못한다면 본인의 인생은 죽는 날까지 크게 변화가 없을 것이라 생각한다.

책을 통해 개인사를 밝히는 것은 매우 부담스럽다. 하지만, 해양대 후배들이 알 선생의 책을 읽고 승선에 대한 잘못된 선입견과 육상 직장 생활의 허상과 현실을 깨우쳐 올바른 선택을 했으면 좋겠다. 해양대 후배들이 선주가 되어 선한 착취 구조를 만들어 주길 기대하며 이 책을 세상에 내놓는다.

wuseokkim@naver.com

목차

선박 투자의 본질

선주, 해양대생의 비전

선박 투자의 본질

선박 투자는 어렵다. 지난 20여 년 동안 선박금융 및 선박펀드를 조성했고 선박 S&P업무를 진행해 온 알 선생에게도 마찬가지이다. 하지만 모든 투자가 그렇듯, 본질은 단순하다. 그 원리만 정확히 파악한다면 선박 투자도 주식 투자와 마찬가지로 누구나 접근할 수 있는 투자이다.

이 책은 해양대 후배들에게 선박 투자의 단순한 원리를 전해 주는데 목적이 있다. 알 선생의 지난 졸저『선박금융 이야기』와『선박 투자 이야기』의 완결본이라 할 수 있다. 이 책을 통해 해양대 후배들이 선주가 되어 그리스나 일본의 선주들을 압도하며 우리나라 해운을 글로벌 최고로 끌어올려 주기를 소망한다.

Ship Investments

선박, 투자 가치가 있는가?

기술이 발달하여 새로운 패러다임과 경쟁자가 나오면 기업은 순식간에 망할 수 있고, 심하면 관련 산업이 지구상에서 사라질 수도 있다. 알 선생이 선박을 좋은 투자처로 생각하는 이유는 그 반대급부에 있다. 해상물류 산업은 여타의 산업과 달리 지구상에서 사라질 일이 없기 때문이다. 이런 점에서 투자 대상물로서 선박을 공부할 가치는 충분하다.

물론 선박 투자는 변동성이 심하다. 그래서 매우 깊게 공부하고 투자에 임해야 한다. 정상적인 해운 시장 상황이라면 물동량, 선복량, 톤마일 등으로 어느 정도 미래 시장 예측이 가능하다. 하지만 역사적으로 보면 해운 시장에는 늘 예측 못 한 이벤트가 발생했고, 이는 해운 시황의 폭등과 폭락을 야기했다. 실제로 2000년대에는 China Effect로 해운 시황 대폭등이 있었고, 2008년 리만 사태로 해운 시장은 대폭락을 맞이했다. 2016년 BDI 지수는 283까지 떨어졌고, 2017년도에 컨테이너선 시장은 완전히 붕괴되었었다. 2018년도에는 미국과 중국 사이에 무역 전쟁이 발생하였고, 2019년도에는 발레 댐 사고, 2020년도에는 코로나 사태, 2021년도에는 컨테이너선 운임 대폭등이 발생했다. 앞으로도 보호무역주의, 탈탄소화, 디지털화, 선원 노령화, 부동산 버블, 해적, 전쟁 등이 해운 시황에 막대한 영향을 줄 것이다.

안타까운 것은 이러한 해운 시장의 변동성 때문에 선박 투자를 기피하는 것이다. 하지만 선박 투자를 위험한 투자로만 인식할 필요는 없다. 극심한 변동성 즉 리스크는 곧 막대한 수익을 거둘 수 있다는 뜻, 그래서 오히려 흙수저나 루저들에게는 유리천정을 뚫으며 신분상승할 기회일 수 있다.

분명한 것은 호황이 지속되면 반드시 불황이 오고 불황이 지속되면 반드시 상승기가 온다는 사실이다. 불황이 지속되면 해운사의 자금은 빠르게 소진되고, CAPEX 수치가 높은 순으로 선박들은 시장에서 퇴출된다. 일부 선박들은 CAPEX가 낮더라도 지속된 불황기를 버티기 위해 재금융을 실행하기도 한다. 불황에 진입하면 OPEX도 커버되지 않기에 선주라면 그 시기를 버틸 자금을 반드시 확보해 두고 있어야 한다.

알 선생이 생각하는 보수적 관점의 선박 투자 적기는 OPEX조차 커버되지 않는 시기를 지켜보다가 선가가 말도 안 되는 수치까지 하락하면 대출 없이 자기자본으로 선박을 매입한 후 용선료 수준이 OPEX를 상회하는 시점까지 일단 버티는 것이다. 하지만 만약 OPEX가 커버되지 않는 시기가 생각보다 오래 지속된다면 Debt Free 선박을 이용하여 선박금융을 진행하고 운영자금을 확보하는 전략도 좋을 듯하다.

금리(Interest Rate)의 중요성

과거 선박금융 금리는 일반적으로 3M LIBOR + Margin으로 결정되었다. 신용도가 좋은 회사의 Margin은 100bps 이하였고, 신용도가 좋지 않은 회사의 Margin은 300bps 이상이 대부분이었다. 가령 우리나라 최대이자 최고 해운사였던 H해운의 선박금융 조달 금리의 Margin은 50bps 수준이었다. 즉 과거 선박금융 금리의 기본 지표는 3M LIBOR였던 것이다. 최근에는 그 기준이 변하고 있다. 신뢰성이 떨어진 LIBOR 대신 SOFR를 기준으로 삼는 분위기이다.

금융기관이 달러 자금을 조달하는 방법에는 여러 가지가 있다. 대표적인 방법이 달러 채권을 발행하거나 외국계 은행에서 달러를 차입하는 것이다. 예를 들어 시장이 좋은 상황에서 국내 우량 금융기관이 외국계 금융기관으로부터 5년 만기 달러를 조달할 경우 Libor + 30bps

수준에서 가능했다. 반면 금융 시장이 붕괴된 상황이라면 Libor + 650~900bps 수준의 조달 금리가 책정되었다. 이 과정에서 은행은 타 금융기관으로부터 달러를 조달한 후 조달 금리에 적정 마진을 붙여 해운사에 선박금융을 제공하는 것이다.

Capesize bulk carrier - 5 Year					
Ship Price	Fair Market Value	40,000,000	**TC rate**	13,000	
Equity	30%	12,000,000	**OPEX**	6,000	
Total Loan	70%	28,000,000			
Senior Loan	70%	28,000,000	**LDT**	25,000	220
Interest Rate	360	7.00%			5,500,000
Libor	가정(5 Year IRS)	6.00%			
Margin		1.00%			
Junior Loan	0%	-			
Interest Rate	360	0.00%			
Libor		0.00%			
Margin		0.00%	**10 Year Old**	25,000,000	

CAPEX	OPEX	C+O	TC rate	Daily Net Profit	Days	Net Profit
6,531	6,000	12,531	13,000	469	92	43,111
6,512	6,000	12,512	13,000	488	92	44,900
6,529	6,000	12,529	13,000	471	89	41,906
6,473	6,000	12,473	13,000	527	92	48,478
6,454	6,000	12,454	13,000	546	92	50,267
6,434	6,000	12,434	13,000	566	92	52,056
6,451	6,000	12,451	13,000	549	89	48,828
6,395	6,000	12,395	13,000	605	92	55,633
6,376	6,000	12,376	13,000	624	92	57,422
6,356	6,000	12,356	13,000	644	92	59,211
6,374	6,000	12,374	13,000	626	89	55,750
6,318	6,000	12,318	13,000	682	92	62,789
6,298	6,000	12,298	13,000	702	92	64,578
6,279	6,000	12,279	13,000	721	92	66,367
6,283	6,000	12,283	13,000	717	90	64,500
6,240	6,000	12,240	13,000	760	92	69,944
6,220	6,000	12,220	13,000	780	92	71,733
6,201	6,000	12,201	13,000	799	92	73,522
6,218	6,000	12,218	13,000	782	89	69,594
6,162	6,000	12,162	13,000	838	92	77,100

금리가 중요한 것은 선박 운항 수익에 큰 영향을 미치기 때문이다. 예를 들어 시장 용선료가 Daily USD 13,000일 때, 5년산 케이프사이즈 벌크선을 USD 40M로 구입하고, 선가의 70%를 선박금융기관에서 L+1%로 차입했다고 가정해 보자. 이때 TC Rate가 Daily USD 13,000 수준이라면 L+1%의 선박금융 차입은 플러스 대선 수익을 창출하게 된다. 하지만 동일한 상황에서 대출 금리가 L+3%가 되면 대선 수익은 마이너스 수치가 되고 만다.

Capesize bulk carrier - 5 Year					
Ship Price	Fair Market Value	40,000,000	**TC rate**	13,000	
Equity	30%	12,000,000	**OPEX**	6,000	
Total Loan	70%	28,000,000			
Senior Loan	70%	28,000,000	**LDT**	25,000	220
Interest Rate	360	9.00%			5,500,000
Libor	가정(5 Year IRS)	6.00%			
Margin		3.00%			
Junior Loan	0%	-			
Interest Rate	360	0.00%			
Libor		0.00%			
Margin		0.00%	**10 Year Old**	25,000,000	

선주에게 있어 선박금융 조달 금리는 경영상 매우 중요한 요소가 아닐 수 없다. 신용도가 낮은 중소 선사가 대형 해운사와 경쟁에서 우위를 점할 수 없는 이유 중 하나 또한 선박금융 조달 금리의 열위에 있다.

CAPEX	OPEX	C+O	TC rate	Daily Net Profit	Days	Net Profit
8,087	6,000	14,087	13,000	-1,087	92	-100,000
8,062	6,000	14,062	13,000	-1,062	92	-97,700
8,074	6,000	14,074	13,000	-1,074	89	-95,550
8,012	6,000	14,012	13,000	-1,012	92	-93,100
7,987	6,000	13,987	13,000	-987	92	-90,800
7,962	6,000	13,962	13,000	-962	92	-88,500
7,974	6,000	13,974	13,000	-974	89	-86,650
7,912	6,000	13,912	13,000	-912	92	-83,900
7,887	6,000	13,887	13,000	-887	92	-81,600
7,862	6,000	13,862	13,000	-862	92	-79,300
7,874	6,000	13,874	13,000	-874	89	-77,750
7,812	6,000	13,812	13,000	-812	92	-74,700
7,787	6,000	13,787	13,000	-787	92	-72,400
7,762	6,000	13,762	13,000	-762	92	-70,100
7,761	6,000	13,761	13,000	-761	90	-68,500
7,712	6,000	13,712	13,000	-712	92	-65,500
7,687	6,000	13,687	13,000	-687	92	-63,200
7,662	6,000	13,662	13,000	-662	92	-60,900
7,674	6,000	13,674	13,000	-674	89	-59,950
7,612	6,000	13,612	13,000	-612	92	-56,300

고정금리 vs 변동금리

언젠가 해운사의 자금 담당 임원이 알 선생을 찾아와 화를 내며 전임자를 맹비난했던 일이 있었다. 금리가 역사상 최저 수준이면 무조건 고정금리로 선박금융을 조달해 주었어야 했는데 변동금리로 조달했던 탓에 이자 비용이 너무 높다는 것이었다. 선박금융 업무를 담당하다 보면 자주 볼 수 있는 광경이다.

자금 조달 시 대출 금리를 고정 또는 변동으로 할지 결정하는 일이 중요한 이유이다. 만약 기준금리가 역사적으로 낮은 수치를 보여 주고 있다면 고정금리를 선택해야 한다. 하지만 고정금리를 확보할 수 없을 경우 우선은 변동금리로 자금을 조달한 후 파생상품을 이용해 금리를 고정화시킬 수 있다. 이것이 바로 IRS(Interest Rate Swap)이다.

물론 해운사 담당자들은 임원이나 경영자에게 자신의 업무 능력을 인정받고자 고정금리보다는 변동금리를 택할 것이다. 변동금리로 자금을 조달해 주어야 그 시점에 눈에 보이는 원가(조달 금리)가 고정금리보다 더 낮아 보이는 반면 Cash Flow상의 단기 수익은 높아 보이기 때문이다. 더불어 해운사 입장에서도 선박금융을 조달하면서 보기 좋은 숫자를 만들기 위해 변동금리를 기본 가정으로 설정하여 Cash Flow를 작성하는 경향이 있는 것도 이유이다. 하지만 기준금리가 낮을 때 변동금리를 선택하는 것은 매우 어리석은 결정이다. 금리는 오르기 시작하면 순식간에 오르기 때문에 역마진 및 손실을 유발하며, 결국 해운사에 막대한 손실을 안겨 주기 때문이다.

가까운 실례가 있다. COVID-19 발생 당시 정부가 인위적으로 금리를 낮춰 역사상 최저점에 머물던 때였다. 당연히 고정금리로 선박금융을 조달해야 했던 상황이었음에도 변동금리를 고집하던 해운사들이 있었다. 눈에 보이는 금리에 현혹되었기 때문이다. 하지만 각국 중앙은행들이 기준금리를 낮추자 인플레이션이 발생했고, 이에 심각성을 인지한 미국 정부는 부랴부랴 금리를 올렸다. 인플레이션을 잡고자 기준금리를 올리기 시작하자 시장금리는 단기간에 급격히 상승했다(자세한 내용은『선박금융 이야기』참고). 결국 당시 변동금리로 선박금융을 조달했던 해운사들의 경우 현재 막대한 추가 이자 비용을 지출하고 있다.

금리 선택이 용선 수익에 어떤 영향을 미치는지 실제 사례를 살펴보자. 케이프사이즈 벌크선 대선료 수준이 11,000불일 때, A선사는 고정금리로 선박금융 조달 시 최소 Daily 800불 이상의 대선 수익이 발생함을 인지했다. 이에 3M LIBOR 금리가 1%대일 때 과감히 추가 비용을 지불하면서까지 고정금리로 선박금융을 조달하였다. A선사는 꾸준히 대선 수익을 확보했고, 대출 원금이 줄어들수록 대선료 수익은 늘어갔다.

Capesize bulk carrier - 5 Year					
Ship Price	Fair Market Value	40,000,000	**TC rate**	11,000	
Equity	30%	12,000,000	**OPEX**	6,000	
Total Loan	70%	28,000,000			
Senior Loan	70%	28,000,000	**LDT**	25,000	220
Interest Rate	360	4.00%			5,500,000
Libor	가정(5 Year IRS)	2.00%			
Margin		2.00%			
Junior Loan	0%	-			
Interest Rate	360	0.00%			
Libor		0.00%			
Margin		0.00%	**10 Year Old**	25,000,000	

CAPEX	OPEX	C+O	TC rate	Daily Net Profit	Days	Net Profit
4,198	6,000	10,198	11,000	802	92	73,778
4,187	6,000	10,187	11,000	813	92	74,800
4,212	6,000	10,212	11,000	788	89	70,089
4,165	6,000	10,165	11,000	835	92	76,844
4,154	6,000	10,154	11,000	846	92	77,867
4,143	6,000	10,143	11,000	857	92	78,889
4,168	6,000	10,168	11,000	832	89	74,044
4,120	6,000	10,120	11,000	880	92	80,933
4,109	6,000	10,109	11,000	891	92	81,956
4,098	6,000	10,098	11,000	902	92	82,978
4,124	6,000	10,124	11,000	876	89	78,000
4,076	6,000	10,076	11,000	924	92	85,022
4,065	6,000	10,065	11,000	935	92	86,044
4,054	6,000	10,054	11,000	946	92	87,067
4,067	6,000	10,067	11,000	933	90	84,000
4,031	6,000	10,031	11,000	969	92	89,111
4,020	6,000	10,020	11,000	980	92	90,133
4,009	6,000	10,009	11,000	991	92	91,156
4,035	6,000	10,035	11,000	965	89	85,911
3,987	6,000	9,987	11,000	1,013	92	93,200

반면 B선사의 선박금융 담당자는 당장 눈에 보이는 최저 금리 효과를 극대화하고자 변동금리로 선박금융을 조달하였다. 물론 초기에는 고정금리에 비해 조달 금리가 낮았지만, 정부에서 인플레이션을 잡기 위해 금리를 올리자 LIBOR 금리는 급격히 상승했다. 결국 B선사는 대선 수익을 거두지 못한 채 막대한 손실을 입게 되었다.

Capesize bulk carrier - 5 Year					
Ship Price	Fair Market Value	40,000,000	**TC rate**	11,000	
Equity	30%	12,000,000	**OPEX**	6,000	
Total Loan	70%	28,000,000			
Senior Loan	70%	28,000,000	**LDT**	25,000	220
Interest Rate	360	Floating			5,500,000
Libor	가정(5 Year IRS)	Floating	1%	3%	
Margin		2.00%	3%	5%	
Junior Loan	0%	-	4%	6%	
Interest Rate	360	0.00%	5%	7%	
Libor		0.00%	6%	8%	
Margin		0.00%	**10 Year Old**	25,000,000	

CAPEX	OPEX	C+O	TC rate	Daily Net Profit	Days	Net Profit
3,420	6,000	9,420	11,000	1,580	92	145,333
3,412	6,000	9,412	11,000	1,588	92	146,100
3,440	6,000	9,440	11,000	1,560	89	138,817
3,395	6,000	9,395	11,000	1,605	92	147,633
4,920	6,000	10,920	11,000	80	92	7,333
4,906	6,000	10,906	11,000	94	92	8,611
4,929	6,000	10,929	11,000	71	89	6,306
4,879	6,000	10,879	11,000	121	92	11,167
5,620	6,000	11,620	11,000	-620	92	-57,067
5,604	6,000	11,604	11,000	-604	92	-55,533
5,624	6,000	11,624	11,000	-624	89	-55,500
5,570	6,000	11,570	11,000	-570	92	-52,467
6,298	6,000	12,298	11,000	-1,298	92	-119,422
6,279	6,000	12,279	11,000	-1,279	92	-117,633
6,283	6,000	12,283	11,000	-1,283	90	-115,500
6,240	6,000	12,240	11,000	-1,240	92	-114,056
6,954	6,000	12,954	11,000	-1,954	92	-179,733
6,931	6,000	12,931	11,000	-1,931	92	-177,689
6,946	6,000	12,946	11,000	-1,946	89	-173,178
6,887	6,000	12,887	11,000	-1,887	92	-173,600

상기 사례에서 보듯 금리 선택은 선박의 용선 수익에 있어 매우 중요한 요소이다. LIBOR가 0.2%일 때, 3%의 마진으로 진행했던 선박금융의 해당 금리가 현재 9%가 되었다는 점만 생각해 봐도 순간의 의사결정이 얼마나 중요한지 알 수 있다. 더욱이 신용도가 좋지 않은 중소 선사라면 금리 선택에 더욱 신중해야 한다. 대기업과 금리 경쟁에서 이기기 쉽지 않기 때문이다. 이에 중소 선사의 경우 레버리지를 줄이고 자기자본만으로 선박을 확보해 일정 기간 회사의 신용도를 높여야 한다.

금리보다 중요한 환율(Exchange Rate)

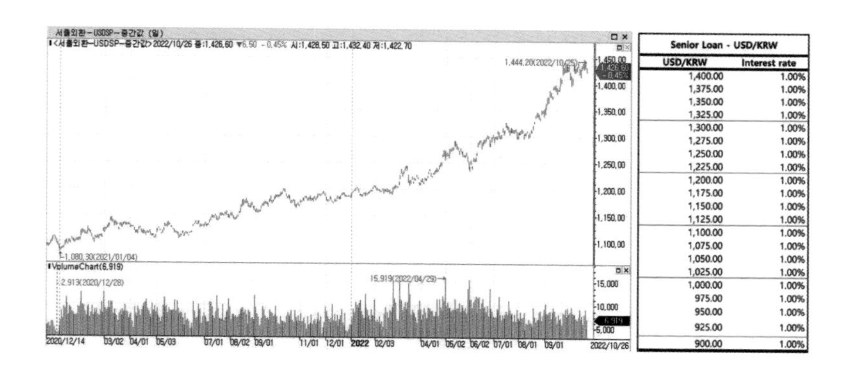

Senior Loan - USD/KRW	
USD/KRW	Interest rate
1,400.00	1.00%
1,375.00	1.00%
1,350.00	1.00%
1,325.00	1.00%
1,300.00	1.00%
1,275.00	1.00%
1,250.00	1.00%
1,225.00	1.00%
1,200.00	1.00%
1,175.00	1.00%
1,150.00	1.00%
1,125.00	1.00%
1,100.00	1.00%
1,075.00	1.00%
1,050.00	1.00%
1,025.00	1.00%
1,000.00	1.00%
975.00	1.00%
950.00	1.00%
925.00	1.00%
900.00	1.00%

환율을 예측하기란 정말 쉽지 않다. 한동안 1,100원대에 머물던 환율이 단기간 폭등해 현재는 1,400원대에 머물고 있다. 반대로 언제든지 환율은 폭락해 원화 강세로 갈 수도 있다. 변동성이 큰 만큼 선박금융을 고려할 때에도 환율에 주의를 기울여야 한다. 5년산 케이프사이

즈 벌크선 사례로 환율 변동의 위험성을 살펴보자.

Capesize bulk carrier - 5 Year					
Ship Price	Fair Market Value	40,000,000	**USD/JPY**	1,400.00	
Equity	30%	12,000,000	**Year 1 TC rate**	12,000	
Total Loan	70%	28,000,000	**Year 2 TC rate**	12,000	
Senior Loan	70%	28,000,000	**Year 3 TC rate**	12,000	
Interest Rate	360	3.00%	**Year 4 TC rate**	12,000	
Libor	Table		**Year 5 TC rate**	12,000	
Margin	2.00%				
KRW	0%	-	**10 Year Old**	25,000,000	
Interest Rate	365	1.00%			
Tibor	Table		**OPEX**	6,000	400
Margin	0.00%		**LDT**	25,000	10,000,000

A해운사는 화주 겸 용선주인 B사의 제안으로 케이프 선박 1척을 도입하기로 결정했다. B사는 최초 5년간 Daily USD 12,000의 TC rate로 해당 케이프 선박을 용선하고, 그 후 다시 용선료 수준을 재조정하여 향후 20년간 A사 선박을 계속 사용할 것을 약정했다. 이에 A사는 5년산 케이프사이즈 벌크선을 USD 40M에 구입하는 것으로 MOA에 서명한 후 디포짓을 송금하였다. 이후 A사는 잔금 지급을 위한 선박금융 조달을 위해 상업은행에 대출을 문의했고, 원화 대출로 선가의 70%를 고정 이자율 1%로, 달러 대출로는 선가의 70%를 고정 이자율 3%로 조달 가능함을 확인했다.

두 선택지 중, A사는 원화 대출을 실행하기로 결정했다. 수취 가능한 용선료를 기본으로 하여 CAPEX와 OPEX를 계산한 결과, 달러 대출을 실행할 경우 초반 마이너스 현금 흐름이 예상되었기 때문이다.

Outstanding	Principal	Interest	P+I	Daily CAPEX
28,000,000	-			
27,640,000	360,000	214,667	574,667	6,246
27,280,000	360,000	211,907	571,907	6,216
26,920,000	360,000	204,600	564,600	6,273
26,560,000	360,000	206,387	566,387	6,156
26,200,000	360,000	203,627	563,627	6,126
25,840,000	360,000	200,867	560,867	6,096
25,480,000	360,000	191,647	551,647	6,198
25,120,000	360,000	195,347	555,347	6,036
24,760,000	360,000	192,587	552,587	6,006
24,400,000	360,000	189,827	549,827	5,976
24,040,000	360,000	180,967	540,967	6,078
23,680,000	360,000	184,307	544,307	5,916
23,320,000	360,000	181,547	541,547	5,886
22,960,000	360,000	178,787	538,787	5,856
22,600,000	360,000	170,287	530,287	5,958
22,240,000	360,000	173,267	533,267	5,796
21,880,000	360,000	170,507	530,507	5,766
21,520,000	360,000	167,747	527,747	5,736
21,160,000	360,000	161,400	521,400	5,793
20,800,000	360,000	162,227	522,227	5,676

CAPEX	OPEX	C+O	TC rate	Daily Net Profit	Days	Net Profit
6,246	6,000	12,246	12,000	-246	92	-22,667
6,216	6,000	12,216	12,000	-216	92	-19,907
6,273	6,000	12,273	12,000	-273	90	-24,600
6,156	6,000	12,156	12,000	-156	92	-14,387
6,126	6,000	12,126	12,000	-126	92	-11,627
6,096	6,000	12,096	12,000	-96	92	-8,867
6,198	6,000	12,198	12,000	-198	89	-17,647
6,036	6,000	12,036	12,000	-36	92	-3,347
6,006	6,000	12,006	12,000	-6	92	-587
5,976	6,000	11,976	12,000	24	92	2,173
6,078	6,000	12,078	12,000	-78	89	-6,967
5,916	6,000	11,916	12,000	84	92	7,693
5,886	6,000	11,886	12,000	114	92	10,453
5,856	6,000	11,856	12,000	144	92	13,213
5,958	6,000	11,958	12,000	42	89	3,713
5,796	6,000	11,796	12,000	204	92	18,733
5,766	6,000	11,766	12,000	234	92	21,493
5,736	6,000	11,736	12,000	264	92	24,253
5,793	6,000	11,793	12,000	207	90	18,600
5,676	6,000	11,676	12,000	324	92	29,773

하지만 결과적으로 이는 좋은 선택이 아니었다. 환율이 1400원에서 원화 강세로 900원까지 하락하자 Daily CAPEX가 4765불에서 6989불까지 상승해 손실을 입었기 때문이다.

Senior Loan - KRW

Outstanding Loan	Principal(KRW)	Interest(KRW)	Principal	Interest	P+I	Daily CAPEX KRW	Daily CAPEX USD
39,200,000,000							
38,696,000,000	504,000,000	98,805,479	366,545	71,859	438,404	6,552,233	4,765
38,192,000,000	504,000,000	97,535,123	373,333	72,248	445,582	6,538,425	4,843
37,688,000,000	504,000,000	94,172,055	380,377	71,073	451,451	6,646,356	5,016
37,184,000,000	504,000,000	94,994,411	387,692	73,073	460,765	6,510,809	5,008
36,680,000,000	504,000,000	93,724,055	395,294	73,509	468,803	6,497,001	5,096
36,176,000,000	504,000,000	92,453,699	403,200	73,963	477,163	6,483,192	5,187
35,672,000,000	504,000,000	88,209,973	411,429	72,008	483,437	6,654,045	5,432
35,168,000,000	504,000,000	89,912,986	420,000	74,927	494,927	6,455,576	5,380
34,664,000,000	504,000,000	88,642,630	428,936	75,441	504,377	6,441,768	5,482
34,160,000,000	504,000,000	87,372,274	438,261	75,976	514,237	6,427,959	5,590
33,656,000,000	504,000,000	83,294,247	448,000	74,039	522,039	6,598,812	5,866
33,152,000,000	504,000,000	84,831,562	458,182	77,120	535,301	6,400,343	5,818
32,648,000,000	504,000,000	83,561,205	468,837	77,731	546,569	6,386,535	5,941
32,144,000,000	504,000,000	82,290,849	480,000	78,372	558,372	6,372,727	6,069
31,640,000,000	504,000,000	78,378,521	491,707	76,467	568,174	6,543,579	6,384
31,136,000,000	504,000,000	79,750,137	504,000	79,750	583,750	6,345,110	6,345
30,632,000,000	504,000,000	78,479,781	516,923	80,492	597,415	6,331,302	6,494
30,128,000,000	504,000,000	77,209,425	530,526	81,273	611,799	6,317,494	6,650
29,624,000,000	504,000,000	74,288,219	544,865	80,312	625,176	6,425,425	6,946
29,120,000,000	504,000,000	74,668,712	560,000	82,965	642,965	6,289,877	6,989

CAPEX	OPEX	C+O	TC rate	Daily Net Profit	Days	Net Profit
4,765	6,000	10,765	12,000	1,235	92	113,596
4,843	6,000	10,843	12,000	1,157	92	106,418
5,016	6,000	11,016	12,000	984	90	88,549
5,008	6,000	11,008	12,000	992	92	91,235
5,096	6,000	11,096	12,000	904	92	83,197
5,187	6,000	11,187	12,000	813	92	74,837
5,432	6,000	11,432	12,000	568	89	50,563
5,380	6,000	11,380	12,000	620	92	57,073
5,482	6,000	11,482	12,000	518	92	47,623
5,590	6,000	11,590	12,000	410	92	37,763
5,866	6,000	11,866	12,000	134	89	11,961
5,818	6,000	11,818	12,000	182	92	16,699
5,941	6,000	11,941	12,000	59	92	5,431
6,069	6,000	12,069	12,000	-69	92	-6,372
6,384	6,000	12,384	12,000	-384	89	-34,174
6,345	6,000	12,345	12,000	-345	92	-31,750
6,494	6,000	12,494	12,000	-494	92	-45,415
6,650	6,000	12,650	12,000	-650	92	-59,799
6,946	6,000	12,946	12,000	-946	90	-85,176
6,989	6,000	12,989	12,000	-989	92	-90,965

요컨대 원화 대출을 받을 경우에는 환율 변동에 따른 막대한 추가 비용이 발생될 수 있다. 초기 원화 대출 금리가 달러 대출 금리보다 낮을지라도 결코 금리만 고려해서는 안 된다. 환율 변동은 원금 상환액과 이자 비용 그리고 대출 잔액 모두에 영향을 미친다. 그 파급력은 단순 금리 차이를 뛰어넘는 상황을 발생시킬 수 있다.

KRW 대출 - 이자율 1%			USD 대출 - 이자율 3%		
Principal	Interest	P+I	Principal	Interest	P+I
366,545	71,859	438,404	360,000	214,667	574,667
373,333	72,248	445,582	360,000	211,907	571,907
380,377	71,073	451,451	360,000	204,600	564,600
387,692	73,073	460,765	360,000	206,387	566,387
395,294	73,509	468,803	360,000	203,627	563,627
403,200	73,963	477,163	360,000	200,867	560,867
411,429	72,008	483,437	360,000	191,647	551,647
420,000	74,927	494,927	360,000	195,347	555,347
428,936	75,441	504,377	360,000	192,587	552,587
438,261	75,976	514,237	360,000	189,827	549,827
448,000	74,039	522,039	360,000	180,967	540,967
458,182	77,120	535,301	360,000	184,307	544,307
468,837	77,731	546,569	360,000	181,547	541,547
480,000	78,372	558,372	360,000	178,787	538,787
491,707	76,467	568,174	360,000	170,287	530,287
504,000	79,750	583,750	360,000	173,267	533,267
516,923	80,492	597,415	360,000	170,507	530,507
530,526	81,273	611,799	360,000	167,747	527,747
544,865	80,312	625,176	360,000	161,400	521,400
560,000	82,965	642,965	360,000	162,227	522,227
32,355,556			20,800,000		
총 지출액	$42,886,263		총 지출액	$31,742,500	

상기 원화 대출 사례의 경우, 대출에 대한 전체 지출 비용을 계산해 보면 달러 대출에 비해 약 USD 11M의 추가 지출이 발생했다. 선박금융에서 환율은 금리보다 무섭다.

레버리지(Leverage)가 정답?

저명한 마틴 스톱포드 교수는 해운 시황을 예측하기란 거의 불가능하다고 말한 바 있다. 하기야 2008년 리만 사태가 터졌던 때, 해운 시황 거품이 꺼질 것을 누가 예상했겠는가. 예상을 했더라도 그 시기는 2008년보다 훨씬 이전 또는 이후가 될 것이라고 보았다. 가깝게는 COVID-19 사태로 인한 컨테이너선 시장의 폭등도 예측하지 못했다. 해운 시황이 어느 정도까지 높아지며 폭등할지, 반대로 얼마나 낮아지며 폭락할지 예상하기란 불가능하다. 또한 호황이 얼마간 유지될지 불황이 얼마나 지속될지 예측하는 것도 쉽지 않다.

LTV를 낮춰 선박금융을 진행해야 하는 이유가 여기에 있다. 이는 단순히 레버리지 전략 관점에서만 볼 문제만은 아니다. 보수적 관점의 안정적인 투자를 고려한다면 말이다. 알 선생이 지켜보았던 경험을 다소 각색한 관련 케이스 스토리와 함께 그 이유를 살펴보자.

⚓ 사례 1

중견 해운기업 A사 기획팀에 근무하는 하 대리는 상선 항해사 출신이다. 하 대리의 아버지는 해양대학교 항해과를 졸업하신 상선 선장 출신 도선사이다. 하 대리는 그런 아버지의 강요로 어쩔 수 없이 해양대 항해과에 입학해야만 했다. 졸업 후 병역문제를 해결하고자 병역

특례로 상선에 승선해 근무했고, 30개월간 의무 승선을 마친 직후에는 아버지를 피하기 위해 서울로 상경, A사에 입사했다.

재직 중 리만 사태를 맞이했던 하 대리는 선가와 운임이 폭락하자 선박 투자의 적기라고 판단했다. 일생일대 찬스라고 생각한 하 대리는 부산으로 향했다. 그전까지만 해도 하 대리는 아버지와의 대면을 꺼려 명절에만 부산에 내려갔던 터였다. 하지만 그 순간은 아버지와의 서먹한 관계는 중요하지 않았다. 머릿속에는 오직 아버지를 어떻게든 설득해 투자 자금을 마련해야 한다는 생각만 가득했다.

집에 들어서자 하 대리의 부모님은 하 대리를 반갑게 맞아 주셨다. 취업을 핑계로 사실상 서울로 가출한 외동아들이 명절도 아닌 평일에 집에 오니 어찌 기쁘지 않았겠는가. 저녁 식탁에는 회부터 갈비찜까지 빈자리를 찾아보기 힘들 정도의 음식들이 차려졌다. 저녁을 먹는 중, 이윽고 하 대리는 어렵게 선박 투자 계획을 털어놓았다. 선박의 가격이 많이 하락한 지금이야말로 일생일대의 기회라며 아버지가 소유 중인 양산의 땅을 담보로 선박구입 자금을 빌려주실 것을 부탁드렸다. 이에 하 대리의 아버지는 양산 땅은 어차피 하 대리에게 물려줄 땅이었다면서 하 대리의 선박 투자를 적극 지지해 주셨다. 사실 하 대리의 아버지 또한 아들이 선주가 되기를 원하셨고 리만 사태 이후 선가가 추락한 지금이 투자 적기라고 생각하고 있었다. 아버지의 흔쾌한 승낙에 하 대리는 오히려 어안이 벙벙해졌고, 오히려 걱정이 들기 시작했다.

서울로 올라온 하 대리는 회사에 사표를 내고 본인 오피스텔에 법인을 설립했다. 대표이사 명함도 만들어 하 사장이 되었다. 이후 평소 친분을 쌓아 왔던 브로커들에게 5년산 케이프사이즈 선박 한 척을 물색해 달라고 요청했다. 리만 사태를 겪으며 장기 TC 계약의 무용지물을 경험한 하 사장은 1년 단위 TC 계약 체결 후 매년 연장한다는, 나름의 투자 전략을 세웠다. 은행 및 캐피탈로부터의 대출은 충분히 가능했다. 하 사장의 아버지가 선장 시절 사둔 양산의 땅은 약 500억 원의 가치로 평가받았기 때문이다. 이를 담보로 하 사장은 한국의 조선소에서 건조된 5년산 케이프사이즈 벌크선을 USD 52M에 그리스 선주로부터 매입했다.

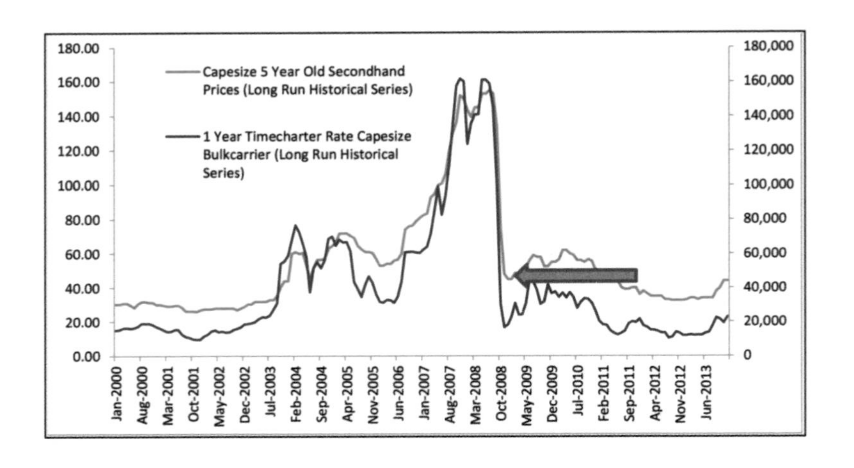

Capesize bulk carrier - 5 Year					
Ship Price	Fair Market Value	52,000,000	**TC rate**		
Equity	10%	5,200,000	Year 1	30,800	2009-05-01
Total Loan	90%	46,800,000	Year 2	37,125	2010-05-01
Senior Loan	70%	36,400,000	Year 3	13,188	2011-05-01
Interest Rate	360	4.00%	Year 4	14,250	2012-05-01
Libor	5 Year IRS	2.50%	Year 5	12,000	2013-05-01
Margin		1.50%	**OPEX**	7,000	
Junior Loan	20%	10,400,000			
Interest Rate	360	5.50%	**LDT**	25,000	400
Libor	5 Year IRS	2.50%			10,000,000
Margin		3.00%	**10 Year Old**	37,000,000	

CAPEX	OPEX	C+O	TC rate	Daily Net Profit	Days	Net Profit
21,938	7,000	28,938	30,800	1,862	92	171,333
21,771	7,000	28,771	30,800	2,029	92	186,667
21,604	7,000	28,604	30,800	2,196	92	202,000
21,987	7,000	28,987	30,800	1,813	89	161,333
21,271	7,000	28,271	37,125	8,854	92	814,567
21,104	7,000	28,104	37,125	9,021	92	829,900
20,938	7,000	27,938	37,125	9,187	92	845,233
21,321	7,000	28,321	37,125	8,804	89	783,592
20,604	7,000	27,604	13,188	-14,416	92	-1,326,304
20,438	7,000	27,438	13,188	-14,250	92	-1,310,971
20,271	7,000	27,271	13,188	-14,083	92	-1,295,637
20,467	7,000	27,467	13,188	-14,279	90	-1,285,080
19,938	7,000	26,938	14,250	-12,688	92	-1,167,267
19,771	7,000	26,771	14,250	-12,521	92	-1,151,933
19,604	7,000	26,604	14,250	-12,354	92	-1,136,600
19,987	7,000	26,987	14,250	-12,737	89	-1,133,617
19,271	7,000	26,271	12,000	-14,271	92	-1,312,933
19,104	7,000	26,104	12,000	-14,104	92	-1,297,600
18,938	7,000	25,938	12,000	-13,938	92	-1,282,267
19,321	7,000	26,321	12,000	-14,321	89	-1,274,533
					sum	- 10,980,117

다행히 첫째 해에서 둘째 해까지는 대선 수익이 창출되었다. 하지만 3년째부터는 대선료가 CAPEX와 OPEX를 커버하지 못하는 상황이 벌어졌다. 이후로도 더 하락한 대선료 및 높은 CAPEX 탓에 선박 영업 순손실은 더 증가했다. 하 사장은 겁에 질려 버렸고 극심한 스트레스

에 시달려 원형 탈모까지 생겼다. 5번째 Time Charter 계약 만료일이 다가오자 하 사장은 소유 선박을 매입 5년차에 USD 37M로 처분했다.

처분 후 투자 정산을 해 보니 선박 투자 결과는 나쁘지 않았다. 선가의 90% 대출을 통한 레버리지 투자는 USD 4M의 순수익을 창출하였다. 약 50억 원 규모였다. 월급쟁이로는 평생을 안 쓰고 모아도 모으기 불가능한 돈을 5년 만에 벌어들인 셈이다. 원형 탈모의 대가치고는 훌륭한 성과였지만 선박을 적기에 팔지 못했다면 아찔할 수 있었던 투자였다.

⚓ 사례 2

중견 해운사 A사의 김 회장은 반복되는 해운 시황의 폭등과 폭락을 수차례 경험했고, 그 경험을 바탕으로 경기 사이클에 맞춰 역행적 투자를 실행할 수 있는 수준의 고수이다. 2000년대 중반 벌크선 용선 시장이 말도 안 되는 수준까지 폭등했을 때도 그랬다. 당시 보유 중인 선박 모두를 지체 없이 매각했던 김 회장은 막대한 시세차익을 거두었고, 매각 대금으로 받은 달러 전액을 외화 정기 예금 통장에 넣고 보관해 왔다.

리만 사태 이후 해운 시장이 폭락하자 다시금 김 회장은 움직여야 할 때라고 판단했다. 그래서 5살짜리 한국산 케이프사이즈 벌크선 한

Capesize bulk carrier - 5 Year						
Ship Price	Fair Market Value	52,000,000	**TC rate**			
Equity	100%	52,000,000	Year 1	30,800	2009-05-01
Total Loan	0%	-	Year 2	37,125	2010-05-01
Senior Loan	0%	-	Year 3	13,188	2011-05-01
Interest Rate	360	4.00%	Year 4	14,250	2012-05-01
Libor	5 Year IRS	2.50%	Year 5	12,000	2013-05-01
Margin		1.50%	**OPEX**	7,000	
Junior Loan	0%	-			
Interest Rate	360	5.50%	**LDT**	25,000	400
Libor	5 Year IRS	2.50%			10,000,000
Margin		3.00%	**10 Year Old**	37,000,000	

척을 부채 없이 자기자본만으로 매입했다. 과거 수차례 폭락장을 이미 경험한 김 회장은 장기 용선 계약이 리스크 헷지에 별 도움이 안 된다는 사실을 인지하고 있었다. 시황 폭등 당시 장기 용선 계약으로 수익 창출 기회를 놓쳤던 경험이 있었기 때문이다.

CAPEX	OPEX	C+O	TC rate	Daily Net Profit	Days	Net Profit
-	7,000	7,000	30,800	23,800	92	2,189,600
-	7,000	7,000	30,800	23,800	92	2,189,600
-	7,000	7,000	30,800	23,800	92	2,189,600
-	7,000	7,000	30,800	23,800	89	2,118,200
-	7,000	7,000	37,125	30,125	92	2,771,500
-	7,000	7,000	37,125	30,125	92	2,771,500
-	7,000	7,000	37,125	30,125	92	2,771,500
-	7,000	7,000	37,125	30,125	89	2,681,125
-	7,000	7,000	13,188	6,188	92	569,296
-	7,000	7,000	13,188	6,188	92	569,296
-	7,000	7,000	13,188	6,188	92	569,296
-	7,000	7,000	13,188	6,188	90	556,920
-	7,000	7,000	14,250	7,250	92	667,000
-	7,000	7,000	14,250	7,250	92	667,000
-	7,000	7,000	14,250	7,250	92	667,000
-	7,000	7,000	14,250	7,250	89	645,250
-	7,000	7,000	12,000	5,000	92	460,000
-	7,000	7,000	12,000	5,000	92	460,000
-	7,000	7,000	12,000	5,000	92	460,000
-	7,000	7,000	12,000	5,000	89	445,000
					sum	**26,418,683**

이에 1년마다 용선계약을 체결하기로 영업 전략을 세웠고, 그로써 약 USD 11M의 순이익을 거두며 투자금 손실도 없이 선주라는 타이틀을 유지할 수 있었다.

김 회장은 하 도선사(하 사장 아버지)의 해양대 항해과 3년 선배였다. 김 회장의 소식을 들은 하 도선사는 가슴이 뛰었다. 그래서 본인 역시 젊은 시절의 꿈인 선주가 될 수 있다는 자신감이 솟구쳤다. 아들이 선박 투자에서 문제를 겪고 있다는 사실은 인지했지만 지금이야말로 투자의 적기 같았다. 이에 2012년 과감히 5년산 케이프사이즈 한국산 벌크선 한 척을 대출 없이 USD 35M에 구입했다. 아들이 구입한 선가보다 훨씬 저렴한 선가였다.

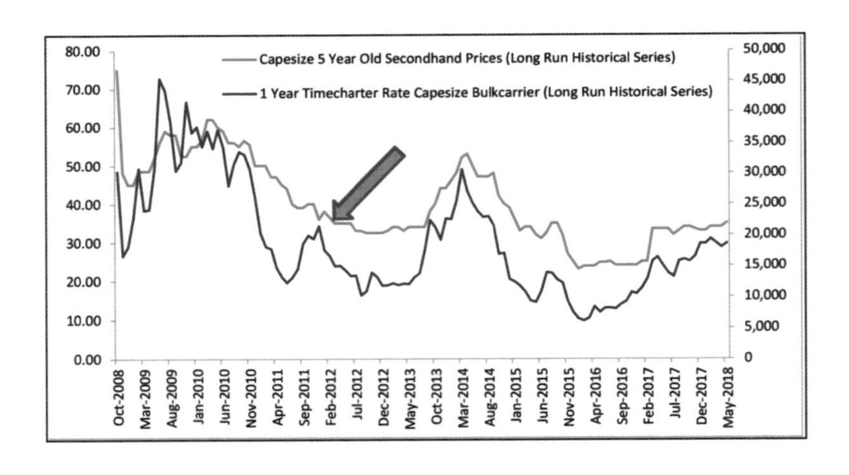

결과는 좋지 못했다. 벌크선 시황은 계속 하락했고, TC rate 또한 끝없이 추락했다. 자기자본으로만 선박을 구입했음에도 용선료 수준이 너무 낮은 탓에 영업 수익도 형편없었다. 선박을 처분하고 비로소 스트레스에서 벗어난 아들처럼, 하 도선사도 투자 5년차에 선박을 처분했다.

Capesize bulk carrier - 5 Year					
Ship Price	Fair Market Value	35,000,000	**TC rate**		
Equity	100%	35,000,000	Year 1	14,250	2012-05-01
Total Loan	0%	-	Year 2	12,000	2013-05-01
Senior Loan	0%	-	Year 3	9,115	2014-05-01
Interest Rate	360	2.60%	Year 4	7,500	2015-05-01
Libor	5 Year IRS	1.10%	Year 5	15,000	2016-05-01
Margin		1.50%	**OPEX**	7,000	
Junior Loan	0%	-			
Interest Rate	360	4.10%	**LDT**	25,000	400
Libor	5 Year IRS	1.10%			10,000,000
Margin		3.00%	**10 Year Old**	24,000,000	

CAPEX	OPEX	C+O	TC rate	Daily Net Profit	Days	Net Profit
-	7,000	7,000	14,250	7,250	92	667,000
-	7,000	7,000	14,250	7,250	92	667,000
-	7,000	7,000	14,250	7,250	92	667,000
-	7,000	7,000	14,250	7,250	89	645,250
-	7,000	7,000	12,000	5,000	92	460,000
-	7,000	7,000	12,000	5,000	92	460,000
-	7,000	7,000	12,000	5,000	92	460,000
-	7,000	7,000	12,000	5,000	89	445,000
-	7,000	7,000	9,115	2,115	92	194,580
-	7,000	7,000	9,115	2,115	92	194,580
-	7,000	7,000	9,115	2,115	92	194,580
-	7,000	7,000	9,115	2,115	89	188,235
-	7,000	7,000	7,500	500	92	46,000
-	7,000	7,000	7,500	500	92	46,000
-	7,000	7,000	7,500	500	92	46,000
-	7,000	7,000	7,500	500	90	45,000
-	7,000	7,000	15,000	8,000	92	736,000
-	7,000	7,000	15,000	8,000	92	736,000
-	7,000	7,000	15,000	8,000	92	736,000
-	7,000	7,000	15,000	8,000	89	712,000
					sum	**8,346,225**

투자 결과는 순손실 약 USD 2.6M, 대출 없이 투자했음에도 손실이 발생한 사실에 어처구니가 없었다. 여기에 시간 가치와 기회비용까지 고려하면 손실액은 훨씬 높았다.

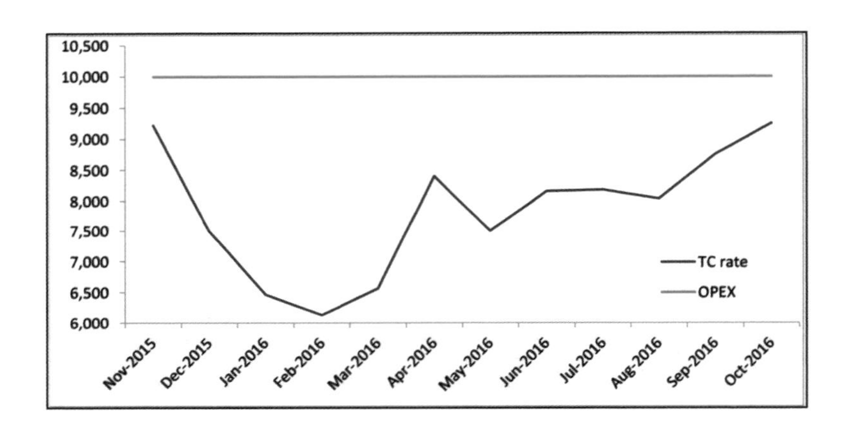

케이프사이즈 벌크선의 경우, Operating Cost는 선령에 따라 다르지만 대략 Daily USD 7,000에서 10,000 정도이다. 시황이 좋지 않을 때에는 대선료 수준이 Operating Cost도 커버하지 못한다. 즉, 선박을 이용한 매출이 순수 선박 운영 원가도 커버하지 못한다는 뜻이다. 물론 그 기간이 짧을 수도 있지만 해운 시황 사이클 특징상 1년 이상 지속되는 게 일반적이다. Operating Cost도 충족되지 못하는 해운 시장에서 선박금융 대출 잔액(CAPEX)이 존재한다면 선주나 해운사들이 버틸 수 있을까? 이 경우 선령 15년 이상 된 선박의 중고 선가는 Scrap 가격과 차이가 거의 없게 되며, 많은 선주들이 공포에 질려 선박을 고철가격으로 처분하게 된다.

단순한 레버리지 전략은 위험하다. 다른 선주들이 선박금융에서 LTV를 낮추면 원가가 낮아지고, 이는 해운 시장 운임에 영향을 미치기 때문이다. 원가 경쟁에 있어서 높은 LTV를 가지고 있는 선박들은 낮은 LTV 선박들을 결코 이길 수 없다. 그럼에도 꼭 레버리지 전략을 취하겠다면 차선책으로 선박을 확보한 다음 레버리지 비율을 낮게 하여 수익을 극대화하고, 이때 창출된 수익으로 안전한 투자처에 재투자를 하여 불황기를 대비하는 것이 바람직하다. 또 Debt Free로 선박을 확보할 경우 불황기가 지속되면 Re-financing을 통해 융통한 대출금으로 불황기를 버티는 방법도 있다. 명심해야 할 사실은 불황기에도 Debt Free 선박 선주들은 OPEX만 커버된다면 낮은 Time Charter Rate에서도 TC 계약을 적극적으로 체결한다는 사실이다.

모든 인생과 역량을 쏟아부어 선박을 1척 구매한 흙수저 출신 초보 선주에게는 생존이 최우선이다. 선박 투자에 실패하여 신용불량자가 되는 일은 절대 없어야 한다. 결국 위의 사례들과 달리 성공 확률이 높은 선박 투자의 답은 매우 단순하고 명쾌하다. 레버리지 없이 선박을 소유하는 것이다. 선박 투자 성공의 핵심은 Operating Cost 통제에 있기 때문이다.

선가(Ship Price)가 모든 요소를 지배한다

리만 사태 이전인 2000년대 중반, 예상과 달리 벌크선 운임이 꺾이지 않았다. 이에 벌크선 해운사들이 고가에 발주한 많은 선박들이 시장에 쏟아졌다. 당시 5년산 케이프사이즈 벌크선의 가격이 1억 5천 5백만 달러 수준이었고, 1 Year TC rate는 15만 달러가 넘는 상황이었다.

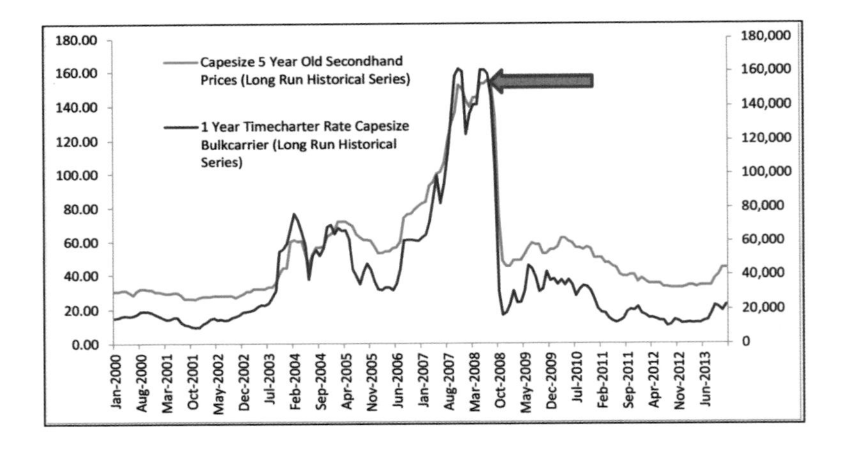

하지만 2008년 리만 사태가 터지자 불과 몇 개월 전까지만 해도 1억 5천만 달러 이상의 선가를 자랑하던 케이프사이즈 벌크선 가격은 4천만 달러까지 폭락해 버렸다.

Capesize bulk carrier - 5 Year					
Ship Price	Fair Market Value	155,000,000	**TC rate**		
Equity	40%	62,000,000	Year 1	158,750	2008-07-05
Total Loan	60%	93,000,000	Year 2	43,525	2009-07-05
Senior Loan	60%	93,000,000	Year 3	27,950	2010-07-05
Interest Rate	360	5.80%	Year 4	13,110	2011-07-05
Libor	5 Year IRS	4.30%	Year 5	13,406	2012-07-05
Margin		1.50%	**OPEX**	7,000	
Junior Loan	0%	-			
Interest Rate	360	7.30%	**LDT**	25,000	400
Libor	5 Year IRS	4.30%			10,000,000
Margin		3.00%	**10 Year Old**	21,500,000	

CAPEX	OPEX	C+O	TC rate	Daily Net Profit	Days	Net Profit
145,418	7,000	152,418	158,750	6,332	92	582,533
143,485	7,000	150,485	158,750	8,265	92	760,400
144,450	7,000	151,450	158,750	7,300	90	657,000
141,051	7,000	148,051	158,750	10,699	91	973,567
28,989	7,000	35,989	43,525	7,536	92	693,300
28,667	7,000	35,667	43,525	7,858	92	722,944
28,828	7,000	35,828	43,525	7,697	90	692,750
28,261	7,000	35,261	43,525	8,264	91	751,992
22,265	7,000	29,265	27,950	-1,315	92	-121,022
22,024	7,000	29,024	27,950	-1,074	92	-98,789
22,144	7,000	29,144	27,950	-1,194	90	-107,500
21,720	7,000	28,720	27,950	-770	91	-70,036
21,299	7,000	28,299	13,110	-15,189	92	-1,397,369
21,057	7,000	28,057	13,110	-14,947	92	-1,375,136
20,995	7,000	27,995	13,110	-14,885	91	-1,354,501
20,753	7,000	27,753	13,110	-14,643	91	-1,332,509
20,332	7,000	27,332	13,406	-13,926	92	-1,281,204
20,090	7,000	27,090	13,406	-13,684	92	-1,258,970
20,211	7,000	27,211	13,406	-13,805	90	-1,242,460
19,786	7,000	26,786	13,406	-13,380	91	-1,217,607
					sum	- 5,022,617

바로 그 직전 폭등 장에서 선박을 정리했던 일부 해운 베테랑들은 다시금 은행에 맡겨 둔 현금을 다시 꺼내 선박 투자를 하기 시작했다.

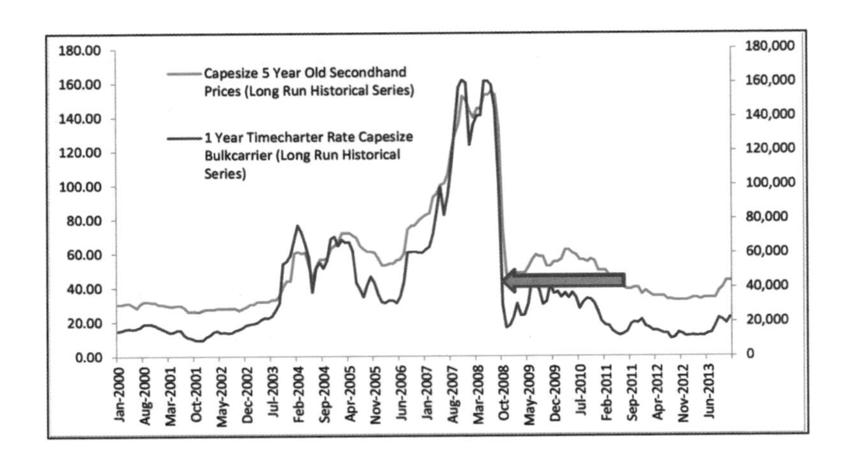

투자한 사례들은 성공적이었다. 급락한 벌크선 운임도 일시적으로 다시 반등하여 한동안 유지되었다.

Capesize bulk carrier - 5 Year					
Ship Price	Fair Market Value	45,000,000	**TC rate**		
Equity	40%	18,000,000	Year 1	18,125	2008-12-05
Total Loan	60%	27,000,000	Year 2	36,625	2009-12-05
Senior Loan	60%	27,000,000	Year 3	25,950	2010-12-05
Interest Rate	360	4.00%	Year 4	21,450	2011-12-05
Libor	5 Year IRS	2.50%	Year 5	11,750	2012-12-05
Margin		1.50%	**OPEX**	7,000	
Junior Loan	0%	-			
Interest Rate	360	5.50%	**LDT**	25,000	400
Libor	5 Year IRS	2.50%			10,000,000
Margin		3.00%	**10 Year Old**	31,000,000	

선박 매입 5년 후 선박을 매각하고 자기자본까지 고려한 결과는 순수익이었다.

CAPEX	OPEX	C+O	TC rate	Daily Net Profit	Days	Net Profit
8,556	7,000	15,556	18,125	2,569	90	231,250
8,379	7,000	15,379	18,125	2,746	92	252,611
8,324	7,000	15,324	18,125	2,801	92	257,722
8,328	7,000	15,328	18,125	2,797	91	254,542
8,333	7,000	15,333	36,625	21,292	90	1,916,250
8,157	7,000	15,157	36,625	21,468	92	1,975,056
8,101	7,000	15,101	36,625	21,524	92	1,980,167
8,106	7,000	15,106	36,625	21,519	91	1,958,264
8,111	7,000	15,111	25,950	10,839	90	975,500
7,935	7,000	14,935	25,950	11,015	92	1,013,400
7,879	7,000	14,879	25,950	11,071	92	1,018,511
7,883	7,000	14,883	25,950	11,067	91	1,007,061
7,828	7,000	14,828	21,450	6,622	91	602,617
7,713	7,000	14,713	21,450	6,737	92	619,844
7,657	7,000	14,657	21,450	6,793	92	624,956
7,661	7,000	14,661	21,450	6,789	91	617,783
7,667	7,000	14,667	11,750	-2,917	90	-262,500
7,490	7,000	14,490	11,750	-2,740	92	-252,111
7,435	7,000	14,435	11,750	-2,685	92	-247,000
7,439	7,000	14,439	11,750	-2,689	91	-244,694
					sum	**14,299,228**

선가와 운임이 고점 대비 상당 수준으로 떨어진 시점이라면 언제든 선박에 투자해도 좋은 것인가? 리만 사태 후 선가가 추락한 상황에서 선박을 매입했을 경우의 수익성을 실제 사례들을 중심으로 살펴보자(한국 선주들은 보통 80~90%의 LTV 전략으로 선박에 투자하는데, 여기서는 일반적인 상황과 다르게 그보다 낮은 60% LTV 전략을 가정한다).

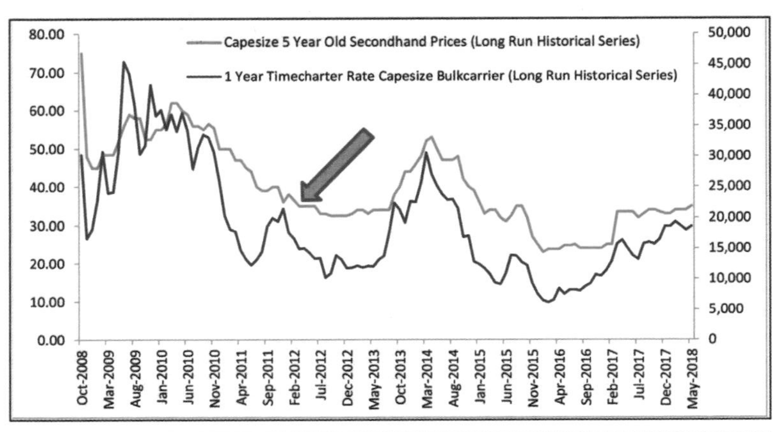

Capesize bulk carrier - 5 Year					
Ship Price	Fair Market Value	35,000,000	**TC rate**		
Equity	40%	14,000,000	Year 1	14,250	2012-05-01
Total Loan	40%	21,000,000	Year 2	12,000	2013-05-01
Senior Loan	60%	21,000,000	Year 3	9,115	2014-05-01
Interest Rate	360	3.10%	Year 4	7,500	2015-05-01
Libor	5 Year IRS	1.10%	Year 5	15,000	2016-05-01
Margin		2.00%	**OPEX**	7,000	
Junior Loan	0%	-			
Interest Rate	360	5.10%	**LDT**	25,000	400
Libor	5 Year IRS	1.10%			10,000,000
Margin		4.00%	**10 Year Old**	24,000,000	

2012년 상반기 벌크선 선가는 꾸준히 하락하고 있었으며, LTV 60% 선박 투자 구조에서 대선료 수준은 플러스 현금 흐름을 창출하던 상황이었다. 이 시기에 5년산 케이프사이즈 벌크선을 매입한 사례의 경우, 첫해에는 대선료 수준이 CAPEX와 OPEX를 커버하는 수준이었다. 하지만 2년차부터는 대선료가 추락했고, 마이너스 현금 흐름이 발생했다.

CAPEX	OPEX	C+O	TC rate	Daily Net Profit	Days	Net Profit
4,526	7,000	11,526	14,250	2,724	92	250,633
4,504	7,000	11,504	14,250	2,746	92	252,614
4,483	7,000	11,483	14,250	2,767	92	254,594
4,553	7,000	11,553	14,250	2,697	89	240,056
7,157	7,000	14,157	12,000	-2,157	92	-198,444
7,114	7,000	14,114	12,000	-2,114	92	-194,483
7,071	7,000	14,071	12,000	-2,071	92	-190,522
7,211	7,000	14,211	12,000	-2,211	89	-196,782
6,985	7,000	13,985	9,115	-4,870	92	-448,020
6,942	7,000	13,942	9,115	-4,827	92	-444,059
6,899	7,000	13,899	9,115	-4,784	92	-440,098
7,039	7,000	14,039	9,115	-4,924	89	-438,219
6,813	7,000	13,813	7,500	-6,313	92	-580,756
6,770	7,000	13,770	7,500	-6,270	92	-576,794
6,726	7,000	13,726	7,500	-6,226	92	-572,833
6,804	7,000	13,804	7,500	-6,304	90	-567,375
6,640	7,000	13,640	15,000	1,360	92	125,089
6,597	7,000	13,597	15,000	1,403	92	129,050
6,554	7,000	13,554	15,000	1,446	92	133,011
6,694	7,000	13,694	15,000	1,306	89	116,201
					sum	- 3,347,137

LTV 60%의 선박 투자였음에도 불구하고 순손실 USD 5.3M이 발생한 것이다. 이처럼 선박 투자에서 투자 타이밍을 잡는다는 것은 매우 어려운 일이다.

벌크선 선가는 리만 사태 후 상승 및 하락을 반복하다가 2014년 다시금 하락하였다. 이후 2016년 상반기에는 BDI 지수가 283까지 추락하면서 벌크선 시장은 최대 불황기에 접어들었다. 선가 및 용선료도 역사상 최저 수준까지 추락하였다. 그래서 2015년 말 기준, LTV 60% 전략으로 선박에 투자하는 것은 불가능했다. 대선료가 OPEX도 커버하지 못했고, 이에 더해 CAPEX까지 존재한다면 손실이 막대할 수밖에 없었기 때문이다.

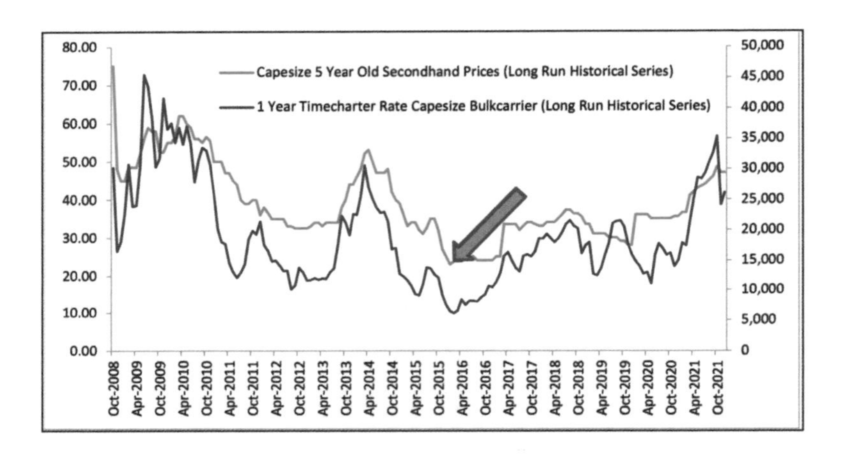

당연히 소규모 영세 선주는 극심한 스트레스를 받을 수밖에 없는 상황, 하지만 예상 외로 당시 과감히 선박을 매입해야 한다는 결과가 나왔다.

Capesize bulk carrier - 5 Year					
Ship Price	Fair Market Value	23,000,000	**TC rate**		
Equity	40%	9,200,000	Year 1	6,465	2016-01-05
Total Loan	60%	13,800,000	Year 2	11,400	2017-01-05
Senior Loan	60%	13,800,000	Year 3	18,575	2018-01-05
Interest Rate	360	3.20%	Year 4	17,969	2019-01-05
Libor	5 Year IRS	1.70%	Year 5	14,875	2020-01-05
Margin		1.50%	**OPEX**	7,000	
Junior Loan	0%	-			
Interest Rate	360	4.70%	**LDT**	25,000	400
Libor	5 Year IRS	1.70%			10,000,000
Margin		3.00%	**10 Year Old**	21,000,000	

CAPEX	OPEX	C+O	TC rate	Daily Net Profit	Days	Net Profit
2,875	7,000	9,875	6,465	-3,410	91	-310,312
2,862	7,000	9,862	6,465	-3,397	91	-309,098
2,830	7,000	9,830	6,465	-3,365	92	-309,620
2,817	7,000	9,817	6,465	-3,352	92	-308,393
2,840	7,000	9,840	11,400	1,560	90	140,400
2,808	7,000	9,808	11,400	1,592	91	144,840
2,777	7,000	9,777	11,400	1,623	92	149,307
2,764	7,000	9,764	11,400	1,636	92	150,533
2,787	7,000	9,787	18,575	8,788	90	790,950
2,755	7,000	9,755	18,575	8,820	91	802,618
2,724	7,000	9,724	18,575	8,851	92	814,313
2,710	7,000	9,710	18,575	8,865	92	815,540
2,733	7,000	9,733	17,969	8,236	90	741,210
2,702	7,000	9,702	17,969	8,267	91	752,326
2,670	7,000	9,670	17,969	8,299	92	763,468
2,657	7,000	9,657	17,969	8,312	92	764,695
2,662	7,000	9,662	14,875	5,213	91	474,412
2,648	7,000	9,648	14,875	5,227	91	475,625
2,617	7,000	9,617	14,875	5,258	92	483,727
2,604	7,000	9,604	14,875	5,271	92	484,953
					sum	**7,511,493**

실제로 2015년 말 LTV 60% 대출로 5년산 케이프사이즈 선박을 구매한 투자 사례를 분석해 본 결과, 수익 창출에 성공한 투자로 분류되었다. 선박 매입 후 5년 동안 선박을 운영하고 5년차에 선박을 매각했다는 가정으로 분석해 보니 순수익은 USD 8.5M으로 계산되었다. 물론 OPEX도 커버할 수 없는 시기였던 만큼 실전에서 선가 대비 60%의 대출로 선박에 투자하기란 쉽지 않은 결정이었을 것이다. 무엇보다 현금흐름이 마이너스인 프로젝트로 금융기관을 설득하기 어렵기 때문이다.

추락하던 벌크선 선가와 운임은 2016년 바닥을 찍었다. BDI 수치는 283까지 내려섰다. 2015년 말부터 선박 매입을 고려하던 많은 투자자들은 2016년도에 접어들며 선박을 매입하기 시작했다. S&P 시장에는 특히 그리스 선주들이 많이 보였다. 당시 USD 25M만 지급하면 5년산 케이프사이즈 선박을 구매할 수 있었다. 호황기 때 2억 달러 이상을 호가하던 선가에 비하면 헐값과 다름없었다.

당시 그리스 선주들이 OPEX도 커버되지 않는 시장 상황에서 100% 자기자본으로 선박을 구입했던 사례를 분석한 결과 역시 명확했다. 투자 후 5년 차에 선박을 매각했더니 순이익 약 USD 10.5M로 계산되었다.

선가가 역사상 저점이고, 대선료가 OPEX도 커버하지 못하는 그 시기였음에도 순수 자기자본으로 선박을 매입해 버틴 덕에 투자에 성공하였던 것이다. 결국 선박 투자의 성공 열쇠는 OPEX 통제에 있었다.

Capesize bulk carrier - 5 Year					
Ship Price	Fair Market Value	23,000,000	**TC rate**		
Equity	100%	23,000,000	Year 1	6,465	2016-01-05
Total Loan	0%	-	Year 2	11,400	2017-01-05
Senior Loan	0%	-	Year 3	18,575	2018-01-05
Interest Rate	360	3.20%	Year 4	17,969	2019-01-05
Libor	5 Year IRS	1.70%	Year 5	14,875	2020-01-05
Margin		1.50%	**OPEX**	7,000	
Junior Loan	0%	-			
Interest Rate	360	4.70%	**LDT**	25,000	400
Libor	5 Year IRS	1.70%			10,000,000
Margin		3.00%	**10 Year Old**	21,000,000	

CAPEX	OPEX	C+O	TC rate	Daily Net Profit	Days	Net Profit
-	7,000	7,000	6,465	-535	91	-48,685
-	7,000	7,000	6,465	-535	91	-48,685
-	7,000	7,000	6,465	-535	92	-49,220
-	7,000	7,000	6,465	-535	92	-49,220
-	7,000	7,000	11,400	4,400	90	396,000
-	7,000	7,000	11,400	4,400	91	400,400
-	7,000	7,000	11,400	4,400	92	404,800
-	7,000	7,000	11,400	4,400	92	404,800
-	7,000	7,000	18,575	11,575	90	1,041,750
-	7,000	7,000	18,575	11,575	91	1,053,325
-	7,000	7,000	18,575	11,575	92	1,064,900
-	7,000	7,000	18,575	11,575	92	1,064,900
-	7,000	7,000	17,969	10,969	90	987,210
-	7,000	7,000	17,969	10,969	91	998,179
-	7,000	7,000	17,969	10,969	92	1,009,148
-	7,000	7,000	17,969	10,969	92	1,009,148
-	7,000	7,000	14,875	7,875	91	716,625
-	7,000	7,000	14,875	7,875	91	716,625
-	7,000	7,000	14,875	7,875	92	724,500
-	7,000	7,000	14,875	7,875	92	724,500
					sum	**12,521,000**

생각할 거리가 많은 상황이었다. 시간에 따른 화폐 가치는 어떻게 평가할지, 선가와 운임에서 시간 가치는 어떻게 이해할지, 여러 생각을 해 봐야 한다. 하지만 역사적으로 보면 선가와 운임을 시간 가치의 가정 위에서 평가하는 게 맞는 것인가 싶다. 알 선생이 보았을 때 적어도 지금까지는 시간 가치를 고려하는 게 별 의미가 없었다. 2016년에 보여 준 벌크선 선가와 용선료 수준은 1990년대 최저 수준보다도 더 낮았다.

처분효과(Disposition Effect)와 선박 매각

2000년대에 들어서면서 이른바 행동경제학자들이 노벨 경제학상을 잇달아 받았다. 행동경제학의 가장 큰 특징은 인간을 바라보는 관점이다. 전통적 경제학은 인간을 합리적이고 최대 이익을 추구하는 존재라고 전제함으로써 성립된다. 이에 반해 행동경제학자들은 인간은 항상 합리적인 의사결정을 하지는 않는 존재라고 정의한다(Baddeley, 2017; Chen et al., 2017).

행동경제학의 주장은 주식 시장에서 잘 입증된다. 개인 투자자들이 그들의 주식이 매입가보다 조금만 더 오르면 즉각 매도하려는 성향을 보이는 게 대표적인 예이다. 이는 합리적이지 않다. 매각한 주식이 그 후 몇 배 더 오르게 되면 성급했던 본인들의 판단을 후회하기 때문이다. 이와 관련, 행동재무학자 Odean(1998)은 "개인 주식 투자자는 매입한 주식의 가격이 오르면 바로 매각하고 구입한 가격보다 주식의 가격이 하락하면 오랜 기간 보유하여 주식의 가격이 매입가보다 오를 때까지 보유하려는 경향이 있다."고 주장한 바 있다. 이를 행동재무학자들은 '처분효과(Disposition Effect)'로 정의하는데, 처분효과는 선박 투자에도 적용될 수 있다.

리만 사태 이후 지속된 경기 불황의 여파로 벌크선 및 컨테이너선 시장 매매 가격이 역사상 최저 가격까지 추락했던 2016년~2017년이었다. 이 시기 국내 일부 해운 기업들은 전례 없던 최저가로 중고 벌크선 및 컨테이너선들을 매입했고, 그 과정에서 필요한 자금 조달을 KPSF에 의뢰했다. 그들은 10년 만기 장기 금융을 요청했고, KPSF는 저금리로 그들을 지원했다. 이후 2019년, 선박 가격이 오르자 해운사들은 척당 100억 원 이상의 이익을 거두고 선박들을 처분했고, KPSF가 지원해 주었던 저리 장기 대출을 조기 상환까지 했다. 이익은 보았겠지만 결코 큰 성공은 아니었다. 해당 선박들의 시장 가격은 2021년~2022년 엄청나게 폭등해 버렸기 때문이다.

예컨대 세계적으로 유명한 선주 E는 리만 사태가 터진 후 반값이 된 컨테이너선들을 매입 후 대선 수익을 거두어 왔다. 해당 선박의 선가는 2017년 최저점인 USD 16.6M을 찍은 후 지속 상승했다. 이에 선주 E는 2020년 11월 국내 K해운에 해당 선박을 USD 27M에 매각했다. 하지만 해당 선박의 가격은 2022년 USD 140M까지 상승했다.

Vessel Name	Built	TEU	Type	Market Price (2017)	Sale Price	Sale Date	Buyer	Market Price (2021-22)
K○○○ D○○○	2010	6,500	Container	16.6	27	2020 Nov	K○○○	140

출처: vesselsvalue.com

알 선생이 직접 경험한 사례도 있다. 2016년 하반기 H해운의 파산이 선언되자 A그룹은 H해운의 영업라인 및 인력을 인수했고 정기선 영업을 시작하고자 A상선을 설립했다. A그룹은 H해운의 컨테이너선과 벌크선 20여 척을 매입한 후 알 선생에게 10년 만기 장기 선박금융을 요청했다. 알 선생은 H해운의 선박들이 헐값에 해외로 팔려나갈 것을 우려했던 만큼 A그룹이 해당 선박들을 매입해 주는 것에 감사했다. 알 선생이 근무하던 금융기관도 적극적으로 국내 해운사에 장기 저리 선박금융을 지원했다.

A그룹은 H해운으로부터 확보한 선박을 이용해 이후 정기선 사업을 시작했다. 그러나 해운 시장의 불황은 지속되었고, A그룹의 정기선 부분 적자도 계속되었다. 이에 2019년 A그룹은 부채 비율을 낮추고 유동성도 확보하고자 구매가격 대비 선가가 오른 컨테이너선들을 처분하기 시작했다. 해당 선박들을 매각하면서 A그룹은 척당 약 100억 원 이상의 시세차익을 실현했다. 하지만 만약 A그룹이 해당 선박들을 2년만 더 보유한 후에 매각했다면 척당 약 1,200억 이상의 시세차익을 실현할 수 있었다. 실제로 당시 해당 선박을 A그룹으로부터 매입한 해운

Vessel Name	Built	TEU	Type	Purchase Price	Purchase Date	Sale Price	Sale Date	Buyer	Current Market Price (2022-02)
Cape Chronos	2015 Jun	6,900	Container	58	2013 Nov	132	2021 Nov	OM Maritime	147.28
X Press Jersey	2014 Jan	4,896	Container	26.9	2019 Jul	105	2021 Nov	MSC	90.92
CSL Santa Maria	2005 Jul	5,047	Container	7.5	2017 May	68	2021 Sep	MSC	84.8
Spirit of Hamburg	2007 Jul	3,752	Container	27	2013 Dec	54.5	2021 Oct	Maersk	74.43
Carolina Trader	2017 Sep	2,782	Container	31	2014	48.5	2021 Dec	Interasia Line	63.8

Source: Alphaliner

사들은 막대한 수익을 창출했다.

상기 표에서 알 수 있듯이, 많은 컨테이너선 선주들이 S&P 활동으로 막대한 수익을 거둔 시점은 2021년부터였다. 싱가포르의 Sea Consortium은 4,896 TEU 컨테이너선 X-PRESS JERSEY호를 2019년 7월 USD 26.9M에 구입해 2021년 11월 USD 105M로 MSC사에 매각했다. Cyprus Maritime도 이때 막대한 수익을 거두었다. 2017년에 5,047 TEU급 CSL SANTA MARIA호를 단돈 USD 7.5M에 매입, 2021년 MSC사에 USD 68M을 받고 매각했기 때문이다. 이처럼 적절한 시점에 선박을 매각해 막대한 S&P 수익을 거둔 선주도 있었지만, 또 다른 많은 선주들은 선박을 조기 매각하는 바람에 막대한 매각 차익을 실현할 기회를 놓쳤다.

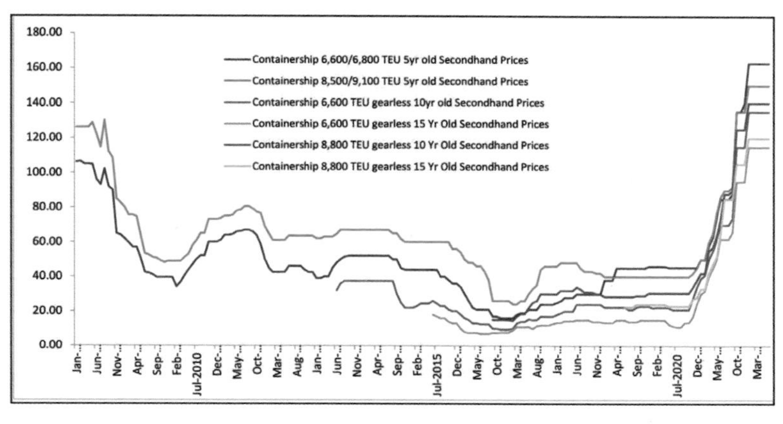

출처: Clarksons

이상의 사례와 표의 데이터를 처분효과의 관점에서 살펴보면 호황이 수년간 지속되고 있거나 선가가 갑자기 폭등한 상황이 아니라면 가격이 오르고 있는 선박은 추가 상승 확률이 높다는 것을 알 수 있다. 이는 재무학자들이 주식투자에 있어 현명한 투자 전략이라고 밝힌 모멘텀 전략을 적용해 볼 만한 상황이다. 모멘텀 전략이란 가격이 오르고 있는 주식은 계속 오를 가능성이 높으니 보유하고, 가격이 하락하고 있는 주식은 계속해서 하락할 가능성이 높기 때문에 처분하여 수익을 극대화해야 한다는 전략이다(Jegadeesh and Titman, 1993; Chan et al, 1996).

Vessel Name	Built	TEU	Type	Purchase Price	Purchase Date	Sale Price	Sale Date	Buyer	Current Market Price(2022-02)
Hanjin L○○○	2010 Apr	8,600	Container	25.4	2017 March	33.5	2019 Nov	Far East Horizon	133.45
Hanjin S○○○	2011 Apr	8,600	Container	25.4	2017 March	32.5	2019 Nov	Far East Horizon	136.95
Hanjin R○○○	2011 Apr	8,600	Container	25.4	2017 March	33.5	2019 Nov	Far East Horizon	136.88
Hanjin S○○○	2008 Jan	6,500	Container	12.4	2017 March	20.1	2020 Aug	KMTC	98.82
Hanjin C○○○	2008 Feb	6,500	Container	12.4	2017 March	20.1	2020 Apr	KMTC	99.09

Source: Alphaliner

선박 시장에서도 가격이 오르는 선박을 성급히 처분하기보다는 보유하는 게 바람직하다. 반대로 가격이 하락하고 있는 선박은 추가 하락의 위험성이 높으므로 매각하는 전략이 바람직하다. 이러한 분석에 따르면 A그룹은 2019~2020년 컨테이너 선박들을 처분할 게 아니었고 오히려 벌크선을 처분했어야 했다.

Vessel Name	Built	DWT	Type	Purchase Price	Purchase Date	Market Price (2019-11)	Market Price (2020-08)	Current Market Price (2022-02)
Hanjin R○○○	2010 Jul	180,000	Bulk	26.5	2017 March	24.2	19.4	26.35
Hanjin D○○○	2010 Jul	180,000	Bulk	26.5	2017 March	24.2	19.4	26.35

Source: Clarksons

A그룹과 달리 S그룹이 투자에 성공했던 이유도 여기에 있다. S그룹은 컨테이너선 선가가 오른 후에도 선박을 처분하지 않고 기다렸고, 최적기에 컨테이너선들을 처분하여 매입가 대비 7배 이상의 매매 차익을 실현했다.

Vessel Name	Built	TEU	Type	Purchase Price	Purchase Date	Sale Price	Sale Date	Buyer	Current Market Price (2022-02)
North B○○○	2006 Jul	4,298	Container	14.8M	2014	USD 350M En bloc	2022 Jan	MSC	85.44M
Baltic B○○○	2005 Oct	7,500	Container	14M	2017				108.96M
Baltic S○○○	2010 Sep	4,432	Container	10M	2019				98.15M
Singapore B○○○	2002 May	4,253	Container	7.9M	2019				70.42M

Source: vesselsvalue.com

모름지기 투자자들은 자신들의 의사결정이 실패로 판명될까 두려워하기 마련이다. 그래서 투자 자산의 가격이 오르면 신속히 처분하여 수익을 실현하고 싶어 한다. 반대로 투자한 자산의 가격이 하락하면 투자자들은 해당 자산의 가격이 오를 것을 기대하며 해당 자산을 매각하지 않고 계속해서 보유한다(Barber and Odean, 1999). A그룹과 E선주가 보여 준 의사결정은 행동재무학자들이 주식 시장에서 발견한 처분효과(Disposition Effect)의 전형적인 모습이다.

처분효과는 두 가지 측면에서 투자자들의 수익률에 영향을 줄 수 있다. 하나는 자산의 가격이 큰 폭으로 오를 수 있는 잠재력이 있음에도 불구하고 자산 가격 상승 초기에 매각하여 막대한 수익 창출의 기회를 놓치는 경우이다. 다른 하나는 손실 인식을 피하고 싶어 하락기에 놓인 자산의 처분을 하지 않아 막대한 추가 손실을 입는 경우이다. 처분효과는 충분한 수익 창출을 놓치게 하고 추가적 손실을 야기하는 치명적인 행동재무학적 에러라고 볼 수 있다.

실제로 알 선생이 논문을 작성하면서 해운 전문가들로부터 확보한 설문 응답서를 분석해 본 결과, 선박 매각 의사결정에 처분효과가 존재한다는 사실이 발견되었다. 처분효과 때문에 경솔하게 선박을 처분해서 막대한 매각 수익을 거둘 수 있는 기회를 놓쳤던 사례들이 적지 않았던 것이다. 주식 시장처럼 해운 시장에도 불합리적이고 현명하지 못한 의사결정이 내려지고 있다.

물론 해운 회사나 선박 투자 기관들이 해운 불황기 때 저가에 선박을 구입해 선가가 오르면 차익을 실현하고자 하는 것은 인지상정이다. 특히나 장기간 불황이 지속되면 의사결정자들은 충분한 매매 수익이 생기지 않았어도 구입했던 선박들을 서둘러 헐값에 매각해 버리고 싶어 한다. 투자자들은 투자 실패에 대한 두려움이 존재하기에 투자 자산에서 약간의 수익이나마 창출되면 해당 투자를 정리해서 수익을 바로 인식하려는 경향이 있기 때문이다(Shefrin and Statman, 1985). 하지만 선박의 가격이 충분히 오르기까지는 많은 시간이 필요하다.

한편 경영상의 어려움 및 유동성 문제로 불가피하게 보유 중인 선박을 처분해야 할 경우도 분명 있다. 하지만 이 같은 경우에도 단지 시장 선가가 구입할 당시의 가격보다 높은 선박부터 급히 처분하기보다는 냉정하게 시장을 분석한 결과를 토대로 매각 대상 선박을 선별함으로써 수익을 극대화시킬 수 있도록 해야 한다.

요컨대 처분효과는 해운 시장에도 적용된다. 의사결정자가 사람이기에 주식 시장과 크게 다를 수 없는 것이다. 하지만 알 선생이 보기에 코로나 시대에 발생했던 처분효과와 앞으로 발생될 처분효과는 다소 다를 것 같다. 보호무역주의나 국제 정치 이슈가 새로운 처분효과를 유발하게 될 것이다. 예컨대 최근 컨테이너선 시황은 대규모 신조 선대 유입으로 폭락이 예상되었다. 하지만 얼마 전 예멘 반군의 상선 공격으로 선주들이 수에즈 운하 대신 희망봉을 경유하면서 톤-마일이 증가되는 현상이 발생되고 있다. 이런 시기 과거의 경험과 기존 데이터는 어디까지나 참고용일 것이다. 급변하는 해운 시황 전망이 어렵다면 선박 투자의 정석은 하나다. 선가가 최저가 수준일 때 선박을 매입한 후 OPEX를 통제하는 것이 최선이라고 본다. 결국 해답은 OPEX를 통제할 수 있는 사람들, 즉 선원들이다.

알 선생이 바라본 2016년의 H1과 H2

2015년까지만 해도 국내 최대이자 최고의 해운기업은 단연코 H1이었다. 망할 수 없고, 망한다는 생각조차 해 본 적 없던 기업이었다. 그만큼 업계의 슈퍼 울트라 갑이었던 기업이었고, 그래서 알 선생이 외국계 은행 S사에 근무했을 때만 해도 H1 자금 담당 임원과 미팅 기회 한 번 만드는 일은 하늘의 별 따기였다. 미팅 잡기가 얼마나 어려웠던지, 유럽에서 S은행 선박금융 파트 임원이라도 오게 되면 그야말로 고난의 시간을 보내야 했었다.

정말이지 엄청난 위상의 H1도 회장의 갑작스런 유고 이후 서서히 무너지기 시작했다. 2000년대 중반 China Effect로 막대한 수익을 창출하던 H1은 6,800 TEU급 및 8,600 TEU급 컨테이너 선박들을 매우 높은 건조가에 서둘러 발주했다. 반면 머스크를 비롯한 유럽 컨테이너 선사들은 13,000 TEU급 이상의 컨테이너선들을 상대적으로 경쟁력 있는 가격에 천천히 건조하며 치킨 게임을 이끌었다. 이후 리만 사태가 터지면서 물동량이 줄어들었고 본격적인 치킨 게임이 시작되었다. H1 입장에서는 이미 막대한 선박금융 잔액을 가지고 있는 상황이었기에 추가적으로 10,000 TEU급 이상의 선박을 확보하기에는 어려움이 따랐다.

손실 규모가 불어난 H1은 유동성 확보를 위해 총력을 기울였다. 하지만 치킨 게임이 더욱 심화되자 손실은 늘어났고, H1은 결국 유동성 확보를 위해 자산들을 매각하거나 Sale&Lease back을 하기 시작했다. 이에 H1은 물론 H2까지 무너지기 시작했다. 긴박했던 H1의 사정과 달리 시장의 분위기는 비교적 차분했다. 설마 H1이 법정관리까지 가겠느냐는 생각이 지배적이었다. 만약 정부가 H1과 H2 중 하나를 살려야 한다면 당연히 H1에 자금을 지원해 줄 것이라는 기대도 있었다. 실제로 H1의 경우 신용도가 높았다. 그래서 선박금융 채권단에 외국계 은행이 많았고, 그들로부터 저금리 대출을 받아 왔다. 당연히 선박금융 관련 대출 상환액은 그들 외국계 은행으로 들어가고 있었다. 반면 H2는 버림받을 수 없다는 의지로 생존을 위해 뛰어다녀야 했던 상황이었다.

한편 용선료의 경우 H1이나 H2 모두 대부분 해외 선주(Non Operating Owners)들에게 지불하는 상황이었다. 두 회사가 위기에 봉착했던 당시 해외 선주들은 H1에 대한 용선료 인하에 적극적이지 않았다. 아마도 정부 지원이 있게 될 것이라 판단했던 것 같다. 반면 H2에 대해서는 비교적 적극적으로 용선료 인하에 동참해 주었다.

알 선생도 당시 두 회사의 소생 문제를 의논한 금융기관 회의에 참석한 바 있다. 초기에는 H2를 H1에 종속시킨 후 H1에 자금을 투입해

정기 선사를 살린다는 방향으로 논의되었다. 하지만 수차례 회의를 거듭했음에도 논의가 진전되지 않았고, 결국 H1은 법정관리 신청과 함께 파산했다.

애석하고 답답했다. 지원 자금을 부어 봤자 외국계 은행 및 외국 선주사들로 자금이 빠져나가고 만다는 논리 앞에 그 어떤 이견도 설득력을 잃었다. 하지만 H1의 소생 문제는 당시 시황 탓만 할 게 아니라 채권자 시각에서 접근했어야 했다. 일찌감치 채권자에게 살려만 달라고 애원했던 H2와 달리 H1의 경우 오히려 주인이 있어 포지션이 어정쩡했던 게 문제였던 것 같다. 돌이켜보면 차라리 ○회장이 H1에 대한 모든 권리를 포기하며 채권자에게 H1의 생존만을 간절히 읍소했다면 어땠을까? ○회장은 물론 H1의 전 직원들도 H2처럼 사안의 시급성을 인지하고 미친 듯이 생존을 위해 뛰어다녔더라면 어땠을까? 아쉬웠다.

H1은 그렇게 역사 속으로 사라졌다. H1 파산 후, 하루는 경영 어려움에 처한 D조선 채권단 회의에 참석했다. 알 선생이 참석했을 때에는 이미 국내 해운·조선업에 대한 지원을 주제로 몇 차례 회의가 진행된 상태였다. 당시 회의는 K1, K2은행과 K보험사가 주도했다. 조선업 지원의 경우 WTO에서 문제를 제기할 수 있었던 만큼 D조선 지원 문제는 해운업에 대한 지원이라는 명분으로 포장할 필요가 있었다.

당시 알 선생 소속 기관의 경우 D조선이 망해도 큰 영향은 없었다. 하지만 타 은행들은 자칫 막대한 타격을 입을 수 있었던 상황이었다. 그들은 선박 발주를 통해 막대한 이익을 거두고 있었다. 보통 외국계 선사가 국내 조선소에 선박 발주를 하면 국내 조선소는 R/G를 발급하면서 그 수수료를, 선사는 대출 수수료와 이자를 은행에 지급했다. 나아가 은행은 F/X나 스왑 거래 등을 통해 선사나 조선소로부터 수수료를 챙겼고, 국내 조선소는 운영상 필요한 각종 대출이나 채권을 발행하면서 금융기관에 수수료와 이자 등을 지급하는 구조였다. 한 건의 선박 또는 선대 발주 과정에서 발생되는 각종 금융 수수료가 국내 금융기관들을 행복하게 만들었던 것이다. 그래서였던지 회의는 황당한 결론에 이르렀다. 당시 치킨 게임으로 무너질 만큼 무너진 컨테이너선 시장을 무시한 채 고가의 메가 컨테이너선을 국내 조선소에 대량 발주해 H2에 떠넘기는 전략이 채택된 것이다!

미친 짓 같았다. 진정 누구를 위한 전략인지, K1, K2 은행 관계자들이 한심해 보였다. 해당 전략은 D조선을 위한 것도, H2해운사를 위한 전략도 아닌 금융기관 본인들을 위한 전략으로 보였다. 높은 선가로 인한 높은 CAPEX가 H2를 결국 파멸로 이끌 것이라고 보았기 때문이다. 그래서 개인적으로 동참하기 싫었으나 어쩔 수 없이 알 선생이 속한 기관도 참여할 수밖에 없었다. 그래도 K1은행이 D조선과 H2의 최대 채권자인 만큼 최악의 경우 출자전환을 할 것이라는 기대만 가진 채.

당연히 H2 내부에서도 엄청난 우려가 쏟아졌다. 영업 기반이 약한 회사가 메가 컨테이너선들의 공간을 화물로 채울 수 있을 것이라 누구도 확신할 수 없었기 때문이었다. 하지만 2000년대 초반과 2010년대 중후반 두 번이나 살아났듯, H2는 역시 천운을 타고난 회사였다. 선박들이 인도되자마자 COVID-19이 발병했고 컨테이너선 운임은 폭등했다. 망했던 H2는 다시 살아났다. 채권 상환이 안 될 경우를 대비해서 출자 전환을 하려고 조성했던 전환사채(CB)도 대박이 났다. 2000년대 600원이던 주식이 33만 원까지 폭등했던 것처럼 다시금 H2의 주식 가격은 폭등했다.

선박펀드에 대한 단상

부활한 H2의 이야기를 이어나가며 선박펀드에 대해 생각해 보자. 한때 1주당 600원까지 떨어진 H2 주가가 33만 원까지 치솟은 적이 있다. 2003년부터 본격적으로 조성된 선박투자회사법상의 선박펀드 덕이 컸다. 2000년대 초반에 발주한 선박은 China Effect로 건조가 대비 최소 2~3배 가격이 상승했다. 이에 3억까지 비과세 및 분리 과세 혜택이 있었던 SIC펀드는 시황 폭등과 함께 엄청난 인기를 끌었고, 많은 자본이 선박펀드로 몰리는 현상을 만들었다. 하지만 전문가들이 만들어 공급하던 선박펀드는 물량이 한정되어 있어 몰려드는 투자 수요를 충족할 수 없었다. 결국 비전문가들이 시장에 들어왔고, 투기성 강한 선박펀드가 시장을 지배했다. 예를 들어 1억 불 이상의 케이프사이즈 벌크선에 90% 이상의 선박금융을 지원하는 펀드가 만들어졌다. 선순위 70%는 금융기관 대출, 후순위 20%는 개인투자자들이 투자한 펀드였다. 하지만 리만 사태와 함께 해당 선박의 가격은 40만 달러 이하까지 폭락했다. 선순위 금융기관은 많은 손실을 입었고, 후순위 투자자들은 아예 원금 전체를 잃어버려야 했던 펀드가 당시의 일반적인 선박펀드였다. 이러한 대규모 손실 사태 때문에 2000년대 중후반까지 인기를 누렸던 선박펀드는 한순간 쓰레기 펀드로 전락해 버렸다.

다행히 현재 국내 선박금융 시장은 국책금융기관들의 전폭적인 지원으로 원활히 돌아가고는 있다. 하지만 알 선생 개인적 견해로는 이 같은 상황이 바람직하지 않다고 생각한다. 무엇보다 유독 해운 시장에만 지속적으로 지원할 수 있을지 의문이다. 국가 예산은 한정되어 있고 지원이 필요한 여타의 산업들도 많기 때문이다. 또한 만일 기존에 지원한 선박금융에서 대규모 손실이 발생할 경우 바로 지원이 끊길 수도 있다.

민간 선박금융 시장을 활성화시켜야 할 이유가 여기에 있다. 2000년대 초반 USD 40~60M에 건조했던 케이프사이즈 벌크선과 VLCC의 선가는 2000년대 중후반 USD 150~200M까지 치솟았다. 선박금융 시장에서 완전히 떠나 버린 금융기관들과 돌아선 투자자들의 마음을 돌리기 위해서는 다시 한 번 2000년대 초반의 성공 케이스와 같은 사례를 투자자들에게 보여 줄 필요가 있다. 예를 들면 2000년대 초반 성공 케이스와 같이 USD 50M에 선박을 건조하여 선순위 대출 USD 40M, 후순위 USD 10M 출자의 선박펀드를 **주식형**으로 만든다고 가정하자. 투자 대상 선박 가격이 2000년 중후반처럼 폭등하여 USD 150M에 팔린다면 투자자들은 USD 10M을 투자하여 USD 110M의 투자 수익을 거둘 수 있게 된다. 개인이 1억 원을 투자했다면 11억 원을 버는 셈이다. 이러한 성공 케이스가 시장에 퍼진다면 투자자들의 자금은 다시금 불나방처럼 선박펀드로 몰려들 것이다. 전문가들이 채권형과 **주식형** 선박펀드를 잘 조성하여 꾸준히 시장에 내놓음으로써 금융 시장에 대한 신뢰를 높일 때 자본은 다시 선박금융 시장으로 돌아올 것이라고 확신한다.

Asset Play 성공 케이스

알 선생이 시장에서 경험한 바에 따르면 선박 Asset Play가 명확하게 성공하는 케이스는 3가지 경우가 있었다.

우선 시장 선가가 역사적 선가의 평균치보다 높은 선박을 매입할 경우 매입한 선박의 선가 상승기가 최소 1년 이상 유지되면서 용선료가 폭등한 케이스가 있었다. 이 경우 시황이 지속적으로 폭등했던 결과,

높은 선가로 선박을 매입하였음에도 불구하고 2~3년 내에 선박 구매를 위해 대출한 금액 모두를 상환하는 사례가 빈번했다. 물론 이러한 투자의 경우 시장에 대한 확신이 있어야 한다. 만약 높은 선가로 선박을 매입했는데, 시장이 폭락해 선가가 추락해 버리면 인생 나락으로 떨어지기 때문이다. 알 선생이 근무했던 해운 회사가 파산했던 이유도 잘못된 선박 투자가 원인이었다. 당시 알 선생은 신용불량자들의 채권을 처리하던 회사를 다니고 있었는데, 하루는 파산 전 해운 회사에서 함께 일했던 전무님께서 알 선생의 회사로 찾아왔다. 선박 투자로 진 수백억의 금융 채무를 탕감할 방법을 찾고자 오신 것이었는데, 당시 전무님의 안색과 괴로운 표정 그리고 하소연을 아직도 잊을 수 없다.

두 번째 케이스는 선가와 시황이 폭락한 탓에 시장 용선료 수준이 선박금융 이자 지급은 고사하고 선박의 일반 OPEX도 커버하지 못하는 시기에 선박을 매입하는 케이스였다. 이 경우 시황 추락기에 곧바로 선박을 매입해선 안 된다. 시장 용선료가 OPEX를 커버하지 못하게 되는 시기를 최대한 지켜보다가 해당 선박들이 스크랩 처리되어 해당 선형의 전 세계 선복량이 현저히 줄거나 모종의 외부 이벤트가 생겨 시황이 회복기에 들어갈 기미기 보일 때 선박을 매입해야 한다. 이때는 Debt-free 전략으로 선박을 매입해야 Asset Play 성공 확률이 높아진다.

마지막 케이스는 시황 폭등기가 지속될 때이다. 이때는 글로벌 대형 화주와 CVC 및 COA를 체결한 후 선박을 시장에서 용선해 기 체결한 계약에 투입하고 시황 폭락기에 선박을 저가에 매입하여 체결된 계약에 투입하는 전략이다. 이 전략은 알 선생의 첫 번째 저서 『선박금융 이야기』에 자세히 서술되어 있으니 참고하자.

이상의 케이스들을 잘 활용한다면 해양대 동문들도 선박 투자로 돈을 벌 수 있다. 초기에는 해양대 동기들과 힘을 합쳐 핸디 사이즈 선박을 사서 운영하며 자본금을 마련하자. 이후 파나막스 사이즈 선박으로 업그레이드 시키고, 종국에는 그리스나 일본 선주처럼 대형 LNG선박 선주까지 되기를 바란다. We can be a shipowner!!

누구나 말은 쉽게 한다

2000년대 중반 운용사 근무 시절, 대기업에 근무 중이시던 해양대학교 선배님께서 동기 브로커분과 함께 알 선생을 찾아오셨다. 조만간 명퇴 대상자가 될 듯 보여 여생을 고민한 끝에 주변 지인 및 동기들과 함께 상선을 한 척 사기로 결정했다고 하셨다. 당시 해운 시황은 말도 안 되는 수치까지 폭등하고 있었고 해운 및 조선 관련 주식도 폭등하던 시기였으니 그럴 만도 했다. 그래서인지 선배님께서는 해운 시장에 대한 확신이 있으셨고, 조만간 선주가 된다는 사실에 매우 들떠 계셨다. 동기 브로커분이 이미 배까지 물색해 두었다고도 하셨다.

첫 미팅 후, 알 선생은 어떻게든 선배님께 선박금융을 제공해 드리고 싶어 증권사와 쩐주님들을 설득하고 다녔고, 실제로 성공시켜 놓았다. 신규 업체라서 높은 LTV의 금융 제공은 현실적으로 불가능했지만 LTV 50% 정도의 선박금융은 제공할 수 있을 것 같았다. 한편 선배님께서는 대형 해운사와 5년짜리 TC를 맺겠다고 확언하시면서 지속적으로 알 선생에게 전화해 선박금융 조달을 책임져 달라고 괴롭히셨다. 그러던 선배님의 전화가 어느 날부터 뚝 끊겼다. 궁금해 전화를 드렸는데 전화도 받지 않으셨다.

알 선생은 선배님의 동기이자 브로커이신 친구분께 전화를 드려 상황을 파악했다. MOA를 체결하고 선박 매입 계약금 납입 만기일이 도래하였으나 선배님과 함께 배를 사기로 했던 지인들이 아무도 동업자금을 보내지 않아 모든 계획이 무산되었다고 하셨다. 이해는 되었다. 월급쟁이들이 평생을 모은 목숨과 같은 돈을 쉽게 투자할 수 있겠는가? 알 선생은 그 후로도 유사한 사례를 수차례 접했다. 그때마다 알 선생은 일단 동업 자금부터 통장에 받아 놓으시고 프로젝트 협의를 시작하자고 말씀드렸다. 누구나 말은 쉽게 할 수 있으니까.

원칙을 지켜야 실패가 없다

2000년대 중반, 선가와 용선료가 너무 오른 탓에 프로젝트 진행에 겁이 났다. 당시 시장에 돌아다니던 프로젝트들은 도저히 쉽게 투자할 수 없는 것들이었다. LTV 40% 정도로 선순위 금융 지원이 가능하다고 말하면 해운사 담당자들은 비아냥은 물론 경멸에 가까운 반응까지 보였고, 두 번 다시 알 선생에게 선박금융 문의를 하지 않았다. 그럴 만도 했다. 실제로 당시 타 금융기관들의 경우 LTV 80~100%의 선박금융을 지원하고 있었기 때문이다. 시장 용선료가 너무 높아 Cash-flow를 분석하면 높은 선가라도 답이 충분히 나왔다. 알 선생의 투자 기준에서 보았을 때 진행 가능한 프로젝트가 시장에 없었다. 바보가 된 기분이었다. 그래서 알 선생이 가지고 있던 모든 투자 기준과 신념을 버려야 하는지 심각하게 고민도 했다.

고심을 끝내고 스스로를 다시 믿을 수 있게 된 것은 리만 사태 덕분이었다. 리만 사태가 터지자 용선료와 선가는 추풍낙엽처럼 떨어져 버렸다. 많은 용선선과 사선을 보유하고 있던 오퍼레이터들은 물론 해운사들 역시 줄줄이 무너졌다. 리스크 헷지를 위해 체결한 중장기 용선계약 따위는 경영상 전혀 쓸모없었다. TC 계약서는 리스크 헷지에 필요한 믿을 수 있는 계약이 아닌 단지 종이 쪼가리에 불과했다. 고선가 시기, 선가 대비 80%~100%의 금융 지원을 했던 금융기관들 역시 막대한 손실을 피할 수 없었다. 사필귀정이었고, 투자 원칙을 지키는 게 얼마나 중요한지 깨닫게 해 준 경험이었다.

최근 분위기는 다르다. Operator들은 여러 이유로 Tonnage provider의 선박을 용선해 쓴다. 장차 해양대 출신들이 들어가 선주가 될 수 있는 시장이다. 승선을 통해 자본을 모으고 선주가 되면 고용이나 계약을 통해 선주로서 필요한 서비스를 제공받을 수 있다. 짧은 인생, 일개미 노예로 착취당하며 평생을 허비할 것인가? 선주가 되어 벌어들이는 자본 소득으로 여유 있는 삶을 영위하는 후배들이었으면 좋겠다.

선박금융에 관한 이런저런 잡담

외국계 은행 근무 시절 답답하게 느꼈던 점이 있었다. 한 번은 국내 발전자회사와 CVC 계약이 체결된 선박에 대한 중견 해운사의 선박금융을 추진하고자 했다. 하지만 싱가포르 아시아 본부와 파리 총괄 본부로부터 단칼에 거절당했다. 일정 수준 이상의 규모와 역사가 있는 선사만 금융 지원이 가능했기 때문이다. 그들은 선박금융 전문가들이었고 오랜 시간 선박금융 시장에서 종사했기에 기준이 확고했다. 수차례 해운 시장의 호황/불황 사이클을 경험했고, 그 과정에서 무수히 많은 대형 해운사들이 파산했던 역사를 지켜봤기에 선박금융 지원에 대해서는 대단히 보수적이었다. 그럼에도 한편으로는 일본 선사들과 유럽 선사들에게는 관대하다는 느낌도 받았다. 그래서 지금도 중소 해운사로서 외국계 은행에 접근할 시에는 해당 은행이 신규 업체에 관대한 은행인지 반드시 확인하기를 권하고 있다.

나아가 국내 금융기관들의 선박금융 수준이 외국계 은행에 비해 높지 않다는 사실도 확인했다. 2000년대 중후반 선가가 말도 안 되는 수준까지 치솟던 때였다. 국내 금융기관들은 선순위 대출금액을 LTV 80~90%까지 올렸다. 반면 외국계 금융기관들은 LTV를 선가의 50~60% 수준으로 낮추었다. 결과는? 선박금융 부분에서 국내 금융기관들은 막대한 손실을 입었다. 또한 국내 금융기관들은 중국 조선소에서 발급한 RG를 아무런 의심 없이 수용했다. 반면 외국계 금융기관은 중국 정부의 SAFE(State Administration of Foreign Exchange) 승인을 받았는지 항상 확인했다. 알 선생도 SAFE가 뭔지 몰라 국내 대형 은행의 선박금융 담당자들에게 문의를 했었는데 역시나였다. 2~3년 단위로 순환 근무를 하던 그들에게서 전문성을 기대했던 것은 욕심이었다.

사실 순환 근무가 그 자체로 나쁜 것은 아니다. 가령 마치 금융권 횡령이 대세가 된 듯한 요즘 사태를 보면 그렇다. 순환 근무는 횡령을 막기 위한 필수 장치다. 이런 면에서는 알 선생도 순환 근무에 동의한다. 다만 같은 전문 영역 안에서 순환 근무가 있어야 한다고 생각한다. 선박금융을 하다가 가계대출 부서나 부동산금융 부서로 가는 것은 옳지 않다. 반면 벌크선 팀에서 탱커선 팀으로 또는 해상보험 팀으로 또는 선박금융 대출관리 팀 등으로 이동하는 순환 근무는 바람직하다. 물론 할 사람은 다 한다고, 횡령으로 1~2천억 원의 손실이 발생할 수도 있을 것이다. 하지만 전문성이 떨어져 발생하는 투자 손실은 수조 원에 이를 수 있다. 실제로 2000년대 후반 국내 금융기관의 선박금융 손실액은 어마어마했다.

장기 운송 및 장기 용선 계약이 많은 해운사의 경우 금리에 더욱 민감해질 필요가 있다는 점도 강조하고 싶다. 수입은 거의 고정되어 있는데, 금리가 가파르게 오르게 되면 CAPEX가 폭증하게 되어 파국으로 치닫기 십상이기 때문이다. 0%대의 달러 금리가 유지되면 해운사는 전략적으로 선박금융 조달 금리를 고정시켜야 한다. 하지만 여러 이유로 변동금리를 갖고 가는 해운사가 제법 많다. 문제는 변동금리를 보유한 채 회사 운영을 하다가 금리가 급속히 오르는 경우이다. 이 경우 회사는 경영 악화를 피할 수 없다. 실제로 국내 중형 해운사 중에는 금리에 적절히 대처하지 못해 고민에 빠진 해운사들이 많다.

장기 운송 계약이 많은 해운사의 또 다른 문제는 계약기간이 배의 수명보다 길 경우이다. 『선박금융 이야기』부터 거듭 언급하지만 가장 행복한 결과를 맞이하고 싶다면 시황이 폭락했을 때 선박을 확보해야 한다. 반대로 선박 교체 시점에 선박 및 용선료 가격이 높을 경우 해운사는 장기 계약에 투입될 선박을 확보하지 못해 경영상 어려움에 처할 수 있고, 심지어 파산에 이를 수 있다. 정확한 기간 매칭 체크가 필요한 이유이다. 선박의 잔존 수명, 장기 운송 및 용선 계약 상황, 선박금융 만기 등 기간 매칭을 반드시 확인하여 시장 상황에 따른 기회 및 리스크를 냉철히 분석해야 한다.

투자자 역시 이 점을 정확히 파악해야 한다. 지금 당장의 수익에 가치를 부여하는 것은 가장 수준 낮고 미련한 투자이다. 해운은 그 변동폭이 매우 큰 Cyclical industry이다. 2000년대에는 China Effect로 폭등했고, 2000년대 후반부터는 리만 사태로 폭락했다. 이후 장기 불황이 지속되던 해운은 COVID-19가 터지면서 다시금 대호황으로 이어졌다. 그래서 해운 시황을 예측하기란 거의 불가능하다. 그럼에도 분명한 것은 엄청난 리스크만큼이나 큰 부를 획득할 기회도 있으며, 어떤 결과를 얻을지는 전적으로 투자자의 치밀한 분석에 달려 있다는 사실이다.

선박금융 Term Sheet

PM은 Term Sheet 작성에 절대 부담을 가져서는 안 된다. Term Sheet 작성은 가지고 있는 기본 양식을 이용하거나, 핵심 요점만 간결하게 작성하면 되고 문구를 추가하고 싶으면 자유로이 문장을 작성하여 기입하면 된다. 영작에 자신이 없으면 선박금융 계약서의 문구를 이용하면 된다. BBCHP 계약서나 Loan Agreement 계약서의 문구를 참고하기 바란다. 선박금융 계약서를 읽고 또 읽다 보면 모든 내용이 익숙해진다. 영문계약서 해설서 등을 공부하고 Term Sheet도 자주 작성을 해서 전문가가 되길 바란다.

Term Sheet 양식

Disclaimer	Set forth below is a summary of the main terms and conditions of the Facility (the "Committed Term Sheet"). The entering into such a commitment or the making of such an offer is subject to satisfactory completion of due diligence, execution of legal documentation acceptable to the Lenders and receipt by the Lenders of positive opinions from legal counsel. Any committed offer is further subject to there having been, in the sole opinion of the Lenders, no material adverse change in the international capital or loan markets, or, specifically, the national or international monetary, financial, political or economic conditions, or in the legal or financial condition of the Borrower and/or the Corporate Guarantor prior to drawdown of any Facility.
Withdraw previous Term Sheet	This Committed Term Sheet replaces all previous issued indicative term sheet(s), indicative or committed, confirmed or not, and renders them null and void.
Purpose and Parties	
Purpose	To provide part finance to the Borrower for the Vessel.
Vessel	M/T KKK (TBR AAA) 180,000 DWT Capesize Bulk Carrier, YoB 2020 at DSME Shipyard, Korea with IMO No. 0000000.
Memorandum of Agreement	For the Vessel the contract dated 20 September 2020 made between the Borrower and The KKK Company Limited in relation to the Vessel.
Borrower	KKK Shipping Company Limited, incorporated in Marshall Islands (the "Borrower").

Corporate Guarantor	KKK Inc. will irrevocably and unconditionally guarantee all of the obligations of the Borrower under the Facility (the "Corporate Guarantor").
Arranger	AAA Bank or one or more of its subsidiaries or affiliates (the "Arranger").
Lender	AAA Bank or one or more of its subsidiaries or affiliates (the "Lender").
Pool Employment	The Vessel will be employed in the KKK Tanker Pool, or any other employment reasonably acceptable to the Lender.
Facility	
Facility	A senior secured post delivery term loan (the "Facility") to be evidenced by a Facility Agreement to be made between the Arranger, the Borrower and the Lender (the "Facility Agreement").
Commitment	The lesser of USD 00,000,000 and 00% of the aggregated charter free Fair Market Value of the Vessel. Such Fair Market Value as defined, and to be determined in accordance with the procedure outlined, in "Valuation" below and to be established not less than 2 weeks prior to Drawdown.
Availability Period	The Facility will be available for Drawdown from the date of the Facility Agreement until the earlier of the delivery date of the Vessel or 31 December 2020.
Drawdown	Drawdown to take place with at least 3 Business Days' (Hamburg, Frankfurt, New York and Oslo) prior written notice, and only after the Lender has confirmed that all conditions precedent have been met to its satisfaction.

Final Maturity Date	10 years from Drawdown (the "Final Maturity Date").
Repayment	00 quarterly repayment instalments of USD 000,000 and a Balloon payment of USD 00,000,000 payable concurrently with the last repayment instalment. The first instalment to be repaid 3 months after Drawdown.
Optional Prepayment	Subject to 5 Business Days prior written notice, the Borrower may elect to prepay the entire Facility outstanding or any part of it being a multiple of USD 1,000,000 on any interest payment date subject to payment of interest and breakage costs. Any prepayment will be applied against future repayment instalments in inverse order of maturity.
Mandatory Prepayment	Full prepayment of the Facility including payment of interest and breakage costs, within 90 days after a Total Loss or immediately upon completion of the sale of the Vessel.
(P)repayments not to be redrawn	Any amount that is repaid or prepaid under the Facility is not available for redrawing after it has been repaid or prepaid.
Prepayment Fee	1.5 per cent over the amount prepaid if the prepayment takes place within the first 12 months after the Drawdown and 0.5 per cent over the amount prepaid if prepayment takes place between 12 and 24 months after the Drawdown . The Prepayment Fee clause will not apply in case of re-financing with the Lender. Furthermore the Borrower to have the option to substitute the Vessel with a replacement vessel acceptable to the Lender.

Interest	SOFR + Margin percent per annum.
Interest periods	3 months or such other periods as the Lender may agree to upon request.
Fixed Interest Rate Option	On request of the Borrower and subject to the Lender's agreement, the interest rate of all or more than 50% of the Facility can be fixed for a period longer than 12 months. Such request of the Borrower requires at least a 5 Business Days prior written notice. The interest rate will be determined at the level of the actual refinancing rates available to the Lender for that interest maturity period + Margin.
Interest payment	Interest to be paid on the last day of each interest period selected. If interest periods longer than three months are agreed, interest nevertheless payable every three months as well as on the last day of each interest period.
Margin	2.75 per cent per annum.
Commitment Fee	1.5 per cent per annum calculated on undrawn amount of the Facility. Commitment fee to commence on the date of signing of the Facility Agreement and to be paid quarterly in arrears starting on the first end of the quarter after the mentioned commencement date until the undrawn portion of the Commitment is permanently reduced to zero.
Upfront Fee	1.25 per cent payable on signing of the Facility Agreement.

Security, Representations, Warranties and Covenants	
Security	· First priority Mortgage over the Vessel for any amounts outstanding under the Facility Documentation; · Corporate Guarantee from the Corporate Guarantor; · Assignments of earnings, insurances and requisition compensation; · Pledge or charge over the Earnings Accounts and Retention Accounts to be opened with a bank acceptable to the Lender; · Specific assignment of time charterparties in excess of 12 months. Borrower to use its best efforts to obtain charterer consent; and · Pledge or charge over the Borrower's shares.
Insurances	· Hull & machinery, marine and war risks including blocking and trapping to cover 120 per cent of the Facility and the mark-to-market exposure under the Swap Option (if agreed upon); · P & I Cover including freight, demurrage and defence cover; · Such other insurances as the Lender may reasonably require. If requested by the Lender prior to closing, the Borrower shall reimburse the Lender for the cost of the provision of an insurance review report by an independent agency or shall provide the Lender with such report. Such insurances to be at the expense of the Borrower and be on terms acceptable to the Lender and be placed with brokers or clubs acceptable to the Lender. The Lender will require to be advised with whom such insurances will be placed and upon what main terms they will be effected, at least 15 days prior to delivery date of the Vessel.

MII and Additional Perils	The Lender shall, at the expense of the Borrower, effect (a) Mortgagees Interest Insurance (M.I.I.) in favour of the Lenders for 120 per cent of the Facility and the mark-to-market exposure under the Swap Option (if agreed upon), from time to time, under the Facility Documentation and (b) a policy for the benefit of the Lender against the possible consequences of pollution involving the Vessel including, without limitation, expropriation or sequestration of the Vessel or the imposition of a lien or encumbrances of any kind having priority to the Mortgage or claims against the Lender.
Earnings accounts	All earnings of the Vessel to be paid into Earnings Account at a bank that is acceptable to the Lender; which account is to be pledged or charged to the Lender.
Financial Statements	Annual audited accounts of the Borrower and annual consolidated audited accounts of the Corporate Guarantor to be delivered within 120 days after the end of the reported fiscal year; semi-annual balance sheets and profit and loss account of the Corporate Guarantor to be delivered within 60 days after the end of the reported period; quarterly management accounts of the Corporate Guarantor to be delivered within 60 days after the end of the reported period. Annual financial statements to be supplemented by updated details of all off-balance sheet and time-charter hire commitments.
Financial Ratios applicable to the Corporate Guarantor	· Maximum Total Debt including Current Portion / Capitalization: 60 per cent · Minimum Adjusted Tangible Net Worth: USD 150,000,000 plus minimum of 25 per cent of the Corporate Guarantor's cumulative positive net income (on a consolidated basis) for each fiscal quarter;

	· Minimum EBITDA Interest coverage: 2.5 to 1. This will become effective with the commencement of the third quarter of 2020. Such ratio shall be calculated quarterly on a trailing quarter basis from and including the 5th fiscal quarter however for the 9th fiscal quarter and periods thereafter, the ratio shall be calculated on a trailing four quarter basis. · Minimum Unencumbered Cash: During the earlier of the first five fiscal quarters after Drawdown or the 3rd quarter of 2011, unrestricted cash and cash equivalents including amounts on deposit for the Guarantor and subsidiaries shall at all times be no less than the higher of USD 500,000 per vessel or USD 10,000,000. · Dividend Restrictions: The Corporate Guarantor is not permitted to pay dividend or return any equity capital to its stockholders in any other form (each a "Dividend") if (a) it is in non compliance with any of its covenants or (b) an Event of Default has occurred and is continuing and provided that no Event of Default will occur as a result of the payment of such Dividend.
Minimum Value	If the "FMV" falls below (a) 140 per cent of the Facility in case the Vessel is operating in a pool / the spot market, or (b) 130 per cent in case the Vessel is employed in minimum 1 year Time Charter reasonably acceptable to the Lender, the Lender shall have the right to require the Borrower and/or the Corporate Guarantor to provide additional security and/or to prepay a portion of the Facility within 30 days. Any additional security to be of a kind and having a value acceptable to the Lender in its absolute discretion which shall be final, conclusive and binding.

Valuation	The valuation of the charter free fair market value ("Fair Market Value" or "FMV") of the Vessel shall be conducted by firms approved and appointed by the Lender (and in a form approved by the Lender), which shall include: (i) one valuation by a firm chosen by the Lender (which shall be KKK Ltd unless the Lender advises otherwise); and (ii) if requested by the Borrower, one valuation by a firm selected by the Borrower from the Lender's approved list. The FMV shall be determined by the average of the valuations received. If there is a difference of or in excess of 10% between the two valuations, the Borrower may select a third firm from the Lender's approved list. The FMV shall then be determined by the average of the three valuations. The valuation(s) shall be carried out semi-annually at the cost of the Borrower and if at any other time (as determined in the absolute discretion of the Lender) at the cost of the Lender. Notwithstanding the foregoing, should there be a default or potential event of default under the financing documentation then valuations (which may be carried out at any time) shall be at the cost of the Borrower.
Representations and warranties	Usual and customary for a transaction of this type.
Affirmative Covenants	Usual and customary for a transaction of this type and consistent with a securitisation transaction, including but not limited to: · Flag: Vessel to be registered in a jurisdiction reasonably acceptable to the Lender.

	· Management: The Vessel to be managed by commercial and technical managers (the "Managers") approved by the Lender, such approval not to be unreasonably withheld. The terms of the Management Agreements to be acceptable to the Lender. · Trading compliance: The Borrower, the Manager(s) and the Vessel to be in the possession of proper trading certificates and to comply with other relevant regulations relating to, or required to be observed by, the Ship or in relation to its operation under any applicable law or regulation. · Class: The Vessel shall be classed with a Classification Society acceptable to the Lender. Furthermore, the Vessel shall be free of all material recommendations and qualifications unless otherwise agreed by the Lender in writing. The Lender will require to be notified of the Class and the Classification Society with which the Vessel will be classed at least 15 days prior to the delivery date of the Vessel. The Owner shall send the Classification Society a letter (in a form prepared or approved by the Lender) granting the Lender permission to access class records and other information from the Classification Society in relation to the Vessel during the life of the financing. The letter will also specify that should the Vessel have a condition of class imposed or a class recommendation issued, the Classification Society shall immediately inform the Lender by email at: XXX@XXX.com and AAA@XXX.com. The Owner shall arrange for the Lender to have electronic access to class records either (i) by way of Lender being granted direct access from Classification Society or (ii) by way of indirect access via the Owner's account manager and designating the Lender as a user or administrator of the system under its account.

	· Ownership: The Borrower shall be 100 per cent owned, directly or indirectly, by the Corporate Guarantor. · Subordination: All shareholders' loans to the Borrower and all claims of the Corporate Guarantor against the Borrower and sums owed to the Managers to be fully subordinated whilst any amount remains outstanding under the Facility. · Other Information: The Borrower and the Corporate Guarantor shall from time to time provide such information as the Lender may reasonably request. · The Borrower and the Corporate Guarantor to evidence the compliance with the Financial Ratios by semi-annual delivery of a Compliance Certificate outlining relevant covenants and ratio calculations. · Cross Default: Cross default with all other material obligations in respect of the Borrower and the Corporate Guarantor, subject to the remedies and cure periods contained therein. · The Lender shall have the option, but not the obligation, to arrange for a surveyor to inspect the Vessel at the cost and expense of the Borrower up to once a year. The Lender will use reasonable endeavours to ensure that the operation of the Vessel is not adversely affected as a result of such inspections. Notwithstanding the foregoing, should there be an Event of Default which is continuing unremedied and unwaived, the Lender may arrange for any number of inspections at any time at the cost and expense of the Borrower. The Borrower shall comply with all requests to repair the Vessel from the Lender following an inspection.

Negative Covenants	Usual and customary for a transaction of this type and consistent with a securitisation transaction, including but not limited to: · The Class, Flag and Management of the Vessel not to be changed without the prior written consent of the Lender, such consent not to be unreasonably withheld. · Unless reasonably incurred in the normal course of business, the Borrower shall not enter into any transactions with any associated companies or companies associated with the Corporate Guarantor without the prior written consent of the Lender. · Unless reasonably incurred in the normal course of business, the Borrower shall not create any form of security, including quasi security, over any of its assets or revenues, without the prior written consent of the Lender. · The Borrower not to borrow any additional funds or enter into any transaction (including derivative transactions) that may result in the incurrence of any additional indebtedness without the prior written consent of the Lender. · The Borrower to undertake not to engage in any business other than operation of the Vessel without the prior written consent of the Lender. · Without the prior written consent of the Lender, no transactions with connected persons otherwise than on arms' length terms.
Events of Default	Usual and customary for a transaction of this type and consistent with a securitisation transaction, including but not limited to: · Payment default.

	· Breach of insurance requirements. · Breach of Covenants. · Instability affecting the country of Flag. · Arrest and/or detention of the Vessel. · Bankruptcy or insolvency of the Borrower and/or the Corporate Guarantor. · Change of control of the Security Parties (Borrower, Corporate Guarantee and its subsidiaries). · Material Adverse Change in the financial position or prospects of the Borrower or the Corporate Guarantor. · Cross-default with other financial indebtedness (including leases, FX and derivatives) of the Borrower, the Corporate Guarantor or the Group (consisting of the Corporate Guarantor and their subsidiaries). · Default events under Swap Option to be aligned with Lender's standard list of amended ISDA termination events. · The Borrower to evidence its compliance with covenants by a delivery of a Compliance Certificate.
Conditions Precedent	Usual and customary for a transaction of this type and consistent with a securitisation transaction, including but not limited to: · Delivery of certified resolutions of the board of directors and, if required by the Lender, shareholders of the Borrower and the Corporate Guarantor approving the Facility and, if applicable, the Swap Option. · Delivery of certified copies of the constitutional documents of the Borrower and the Corporate Guarantor and such evidence as the Lenders may require in order to satisfy their Know Your Customer regulatory obligations.

	· Execution and delivery of all documentation in form and substance satisfactory to the Lenders and their legal counsel. · Receipt by the Lender of copies of all the technical and commercial management agreements and charterparties (including the Time Charter and Bareboat Charter, if any) for the Vessel. · Delivery of evidence of satisfactory capital structure of the Borrowers and the Corporate Guarantors. Such evidence and capital structure to be in a form and substance acceptable to the Lender. · No Event of Default or event that with the giving of notice or passage of time could give rise to an Event of Default under the Facility Documentation. · Receipt by the Lender of all Fees due prior to Drawdown and evidence satisfactory to the Lender that any fees due upon Drawdown will be duly paid . · Delivery of all relevant legal opinions. · Delivery of survey report in respect of the Vessel.
Documentation and Other Provisions	
Indemnities	Full indemnities to be provided by the Borrower, the Corporate Guarantor and related parties for all expenses relating to matters arising from the Facility and against third party claims, including environmental or pollution claims.
Material adverse Change	The terms and conditions of this Committed Term Sheet are subject to: a) No material adverse change in financial strength of the Borrower nor in the financial strength of the Corporate Guarantor;

	b) No material adverse, global economic and political developments; and c) No material adverse development in the international money and capital markets; which, in the opinion of the Lender, could reasonably be expected to prejudice the successful and timely performance of the Facility Agreement.
Consent to Disclosure	The Borrower and the Corporate Guarantor shall irrevocably authorise the Lenders to give, divulge and reveal from time to time information and details relating to its account, the Vessel, the Facility Documentation, the Facility, Commitments, the documents giving rise to the Swap Option and any agreement entered into by the Borrower and/or the Corporate Guarantor or information provided by the Borrower or Corporate Guarantor in connection with the Facility Documentation and the documents giving rise to any swap option to (i) any private, public or internationally recognised authorities, (ii) the Lender's and the Security Trustee's respective head offices, branches and affiliates, and professional advisors (iii) any other parties to the Facility Documentation, (iv) a rating agency or their professional advisors (v) any person with whom they propose to enter (or contemplate entering) into contractual relations in relation to the Facility and/or Commitments (vi) and any other person (s) regarding the funding, re-financing, transfer, assignment, sale, sub-participation or operational arrangement or other transaction in relation thereto, including without limitation, any enforcement, preservation, assignment, transfer, sale or sub-participation of any of the Lender's and the Security Trustee's rights and obligations.

Transferability clause	The Lender and the Security Trustee shall be permitted to assign, transfer, sell and sub-participate their rights, benefits and interests in the Facility, Facility Documentation and Commitments and the documents giving rise to any swap option without prior notice or the consent of the Borrower or the Corporate Guarantor or of any charterer and to a special purpose vehicle for the purposes of securitisation or similar transaction.
Securitisation	The Lender may include all or part of the Facility in a securitisation or similar transaction without consultation with or consent of the Borrower or the Corporate Guarantor or any charterer Facility Documentation will include various provisions in this regard including, but not limited to: (a) The requirement for all earnings to flow through and into dedicated bank accounts (including, where applicable, bank accounts opened with the Lender). (b) A requirement for the Borrower or the Corporate Guarantor or any charterer to assist the Lender to achieve a successful securitisation (or similar transaction) provided third party costs are met by the Lender. (c) Insurances to be with an insurance company of the requisite rating and bank accounts to be held with banks of the requisite rating. (d) No restrictions on transfers in connection with or in contemplation of the securitisation (or similar transaction). (e) Full rights of disclosure of information in connection with or in contemplation of the securitisation (or similar transaction).

Costs	All costs in connection with the preparation and negotiation of the Facility Documentation and all costs connected with enforcement of the securities are to be borne by the Borrower even if the transaction does not materialise.
Taxes and other Deductions	Any payment to any party, in connection with the Facility Documentation, by the Borrower or the Corporate Guarantor to be made free and clear of any tax, reserve, levy or duty whatsoever and standard grossing up provisions to apply.
Documentation	In terms acceptable to the Lender and their legal advisers, and to contain all provisions commonly included in financings of this type. The Facility Documentation shall be drafted by law firms which meet the Lender's regulatory and internal policy requirements for appointments of professional legal advisors. The governing law of the Facility Agreement and the Corporate Guarantees shall be the laws of England and Wales or, in the case of the security documents, the appropriate country as advised by the Lender's legal advisers.
Legal Opinions	To be obtained in terms satisfactory to the Lender. Such opinions to be commissioned from lawyers as required by the Lender.
Confidentiality	This Committed Term Sheet and its contents are intended for the exclusive use of the Borrower and shall not be disclosed by the Borrower to any persons other than the Borrower's legal and financial advisors for the purposes of the proposed transaction without the prior written consent of the Lender.

Loans Administration	The Borrower to undertake to provide a completed Loans Administration Form (as provided by the Lender which, inter alia, shall provide the Lender with the list of authorised persons ("Authorised Persons") who, on behalf of the Borrower, may make information request or communicate generally with the Lender in relation to the ongoing administration of the Facility by the Lender throughout the life of the financing. The Authorised Persons shall also be the point of first contact with the Borrower for the Lender in relation to the administration of the Facility. The list of Authorised Persons may only be amended or varied by an Authorised Person or Director of the Borrower.
Documentation status	Once the Facility Documentation is signed, the Facility Documentation will have superseded this Committed Term Sheet and this Committed Term Sheet will have ceased to be binding in every aspect, even relating to parties that were parties to this Committed Term Sheet but are not parties to the signed Facility Documentation, except for what is mentioned in this Committed Term Sheet under the sections headed Market Flex and Clear Market.
Law and Jurisdiction	Documentation under English law, subject to English Court jurisdiction.

Binding term sheet obligations	The intention of the parties is that certain provisions of this Committed Term Sheet create binding and enforceable obligations for the Borrowers and Sponsor, including but not limited to, provisions dealing with disclosure, confidentiality, costs, capital market clause, clear market and market flex. Parties hereto each acknowledge to having received good and valuable consideration for entering into this Committed Term Sheet.
Time Schedule	This Committed Term Sheet will remain open for acceptance until 5 November 2023. Any extension of this acceptance period to be in the sole discretion of the Mandated Lead Arrangers.

쓸모 있는 금융지식

■ ECL Model

The Expected Credit Loss (ECL) is the difference between the contractual cash flows that are due to an entity and the cash flows that an entity expects to receive.

ECL = EAD * PD * LGD

[Expected credit losses = exposure at default * probability of default * loss given default]

Exposure at default (EAD) 노출금액

This is the amount of principal to which the calculated probability of default rate and the loss given default rate is applied.

A repayment rate is calculated based on an historic analysis of repayments in the period to default.

EAD = The principal amount outstanding × (1- the calculated repayment rate in the period to default)

Probability of default (PD) 부도확률

This is an estimate of the likelihood of default over a given period.

PD is determined based on the historical loss experience of an entity.

Loss given default (LGD) 담보회수불능율

This is an adjustment to the ECL calculation for post-default recoveries.

The LGD is based on an analysis of historical post-default recoveries.

These can be in the form of cash repayments, proceeds from the realisation of security or sale of the debt to a third party.

LGD = 1- the post-default recovery rate. (likely loss after realising security)

EAD	PD	LGD	ECL	Discount rate	PV of ECLs	
1,010,000	2%	5%	1,010	1%	1,000	12-month ECL
Total ECL					1,000	

■ **AAE(Average Accumulated Expenditure)**

선박 건조 기간중 약정된 대출금이 나뉘어서 조선소에 지급되는데 지급시기와 이자율이 상이하기에 평잔 계산이 필요할 때가 있다. 예를 들어 이자율이 동일하다고 해도 1년 동안 매일 돈을 빌리는 경우 개별 대출 건으로 이자액을 계산하기란 복잡하고 어렵다. 이때 평잔 개념을 이용하면 수월하게 이자액을 계산할 수 있다.

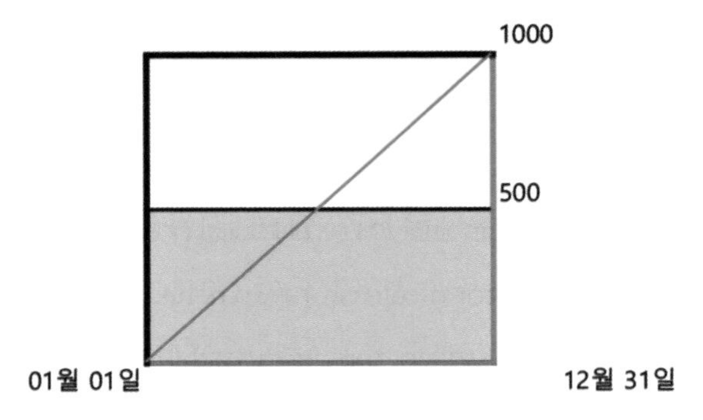
1000
500
01월 01일
12월 31일

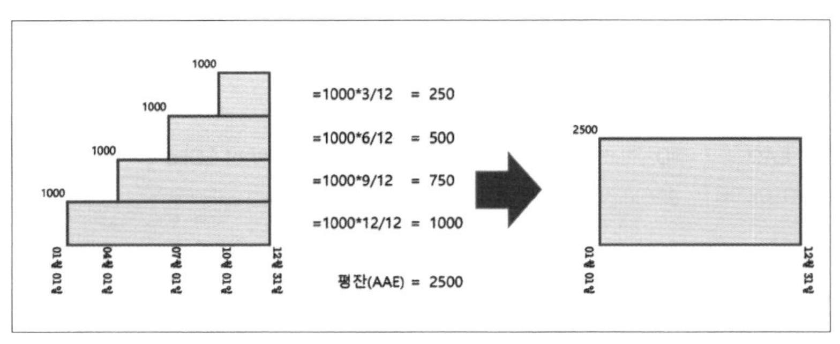
1000
1000
1000
1000
=1000*3/12 = 250
=1000*6/12 = 500
=1000*9/12 = 750
=1000*12/12 = 1000
평잔(AAE) = 2500
2500

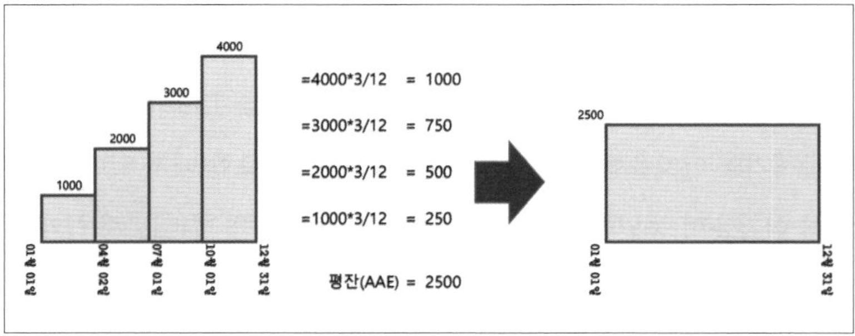
4000
3000
2000
1000
=4000*3/12 = 1000
=3000*3/12 = 750
=2000*3/12 = 500
=1000*3/12 = 250
평잔(AAE) = 2500
2500

Ordinary Annuity

An ordinary annuity is an annuity in which the cash flows, or payments, occur at the end of the period. An ordinary annuity of cash inflows of $100 per year for 3 years can be represented like this: The cash flows occur at the end of years 1 through 3. And the first cash flow occurs at the end of year 1.

Annuity in arrears

An annuity in arrears is the payment of money made at the end of a regular term. This payment could be interest or mortgage, or another recurring payment.

Present Value of an Ordinary Annuity (PVOA)

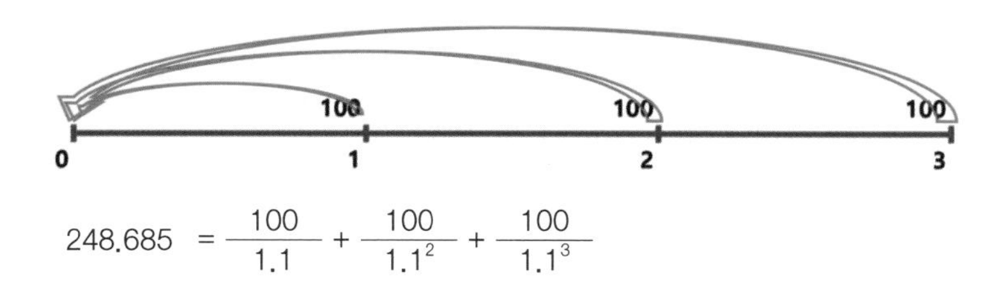

$$248.685 = \frac{100}{1.1} + \frac{100}{1.1^2} + \frac{100}{1.1^3}$$

This PVOA calculation tells you that receiving $248.685 today is equivalent to receiving $100 at the end of each of the next three years, if the time value of money is 10% per year. If the 10% rate is a company's required rate of return, this tells you that the company could pay up to $248.685 for the three-year annuity.

[The $248.685 could have been computed by using the PV of 1 Table for the three payments. In other words, receiving $100 at the end of the first year has a present value of $90.90 ($100 times 0.90909, the PV of 1 factor for n = 1; i = 10%). Receiving the second $100 at the end of the second year has a present value of $82.64 ($100 times 0.82645, the PV of 1 factor for n = 2; i = 10%). Receiving the third $100 at the end of the third year has a present value of $75.131 ($100 times 0.75131, the PV of 1 factor for n = 3; i = 10%). The total of those three present values ($90.909 + $82.644+75.131) equals $248.685.]

The difference between the $300 of total future payments and the present value of $248.685 is the interest our money earns while we wait to receive the payments. This $51.31 difference is referred to as interest, discount, or a company's return on its investment.

Using the PVOA Table

PVOA = 100 times [2.48685] ← PVOA factor from PVOA table

248.685 = 100 * 2.48685

Annuity Due

An annuity due is an annuity in which the cash flows, or payments, occur at the beginning of the period. An annuity due of cash inflows of $100 per year for 3 years can be represented like this:

Annuity in advance

Annuity in advance is a series of payments that are due at the beginning of each successive time period.

Present Value of an Annuity Due

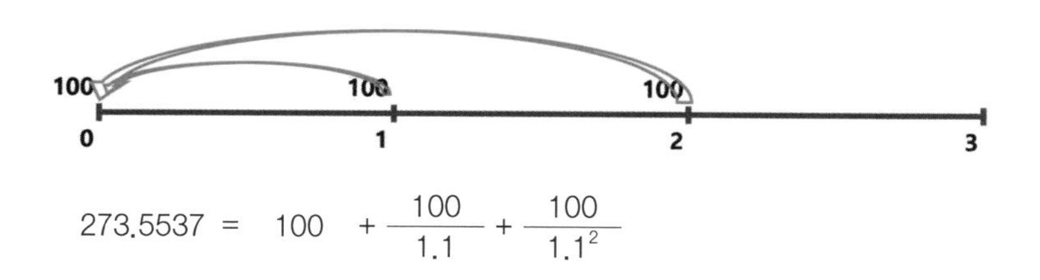

$$273.5537 = 100 + \frac{100}{1.1} + \frac{100}{1.1^2}$$

This PV of an Annuity Due calculation tells you that receiving $273.554 today is equivalent to receiving $100 at the beginning of each of the next three years, if the time value of money is 10% per year. If the 10% rate is a company's required rate of return, this tells you that the company could pay up to $273.554 for the three-year annuity.

[The $273.554 could have been computed by using the PV of 1 Table for the three payments. In other words, receiving $100 at the beginning of the first year has a present value of $100. Receiving the second $100 at the beginning of the second year has a present value of $90.909 ($100 times 0.90909, the PV of 1 factor for n = 1; i = 10%). Receiving the third $100 at the beginning of the third year has a present value of $82.644 ($100 times 0.82645, the PV of 1 factor for n = 2; i = 10%). The total of those three present values ($100+$90.909 + $82.644) equals $273.554.]

Using the PVOA Table

PVOA table을 이용하여 PV of an Annuity Due를 구할 경우 두가지 방법이 있다. 하나는 n-1에 해당되는 PVOA factor를 이용하여 값을 구한 후 첫회차 값을 더하여 PV of an Annuity Due를 구한다. 또 다른 방법은 n에 해당되는 PVOA factor를 이용하여 값을 구한 후 (1+i)를 곱하여 구하는 방법이다.

PVOA = 100 times [1.73554] ← PVOA factor from PVOA table
(n = 2; i = 10%)
273.554 = 100+(100 * 1.73554)

PVOA = 100 times [2.48685] ← PVOA factor from PVOA table
(n = 3; i = 10%)
273.554 = (100 * 2.48685) * (1.1)

■ 채권의 분류

Secured bonds (담보 채권)

A secured bond is a debt security backed by an asset (such as real estate, physical assets, or a defined revenue stream) that provides protection against default. If the bond issuer doesn't repay the principal along with interest, investors have the first claim on the asset securing the loan.

Unsecured Bonds (무담보 채권)

An unsecured bond is an obligation of an organization or

government that is not backed by any assets. An unsecured bond is also not backed by the stream of cash flows from any revenue-generating operations. Instead, investors are relying upon the general creditworthiness of the issuer in deciding whether to purchase such a bond.

Debenture bond (무담보 채권)

An unsecured bond whose holder has the claim of a general creditor on all assets of the issuer not pledged specifically to secure other debt.

Term Bonds (만기 일시 상환 채권)

Term bonds are bonds whose entire principal amount is due on a single date. Most corporate bonds are term bonds.

Serial Bonds (분할상환 채권)

Serial bonds have principal payments that are required at specific intervals. Serial bonds are often issued by state or local municipalities.

Callable Bonds (발행자 조기상환 가능 채권)

Callable bonds, also referred to as redeemable bonds, are a bond that can be redeemed by the issuer prior to maturity (final payment date). Bonds can have maturity periods ranging from short, medium to long-term; some bonds have maturity periods exceeding 10 years. With fluctuations in interest rates over time, if the rates have decreased since the company first issued the bond, the company will want to refinance the debt at a lower rate of interest. As a result, the company may decide to call the issued bonds and reissue them at a lower interest rate.

Dilutive securities are any financial instruments that can potentially increase the number of shares outstanding. This means that such an instrument can be converted into a share of common stock.

Convertible Bonds (구매자 주식 전환 가능 채권)

Convertible bonds are debt instruments that can be converted into a predetermined number of equity shares during the life of the bond. It is an option, not an obligation for the investor to exercise the conversion. For how many numbers of shares that the bond will be able to be converted to is decided through the 'conversion ratio'.

Bonds with warrants (신주인수권부 사채)

Bonds with warrants give the bondholder the right to buy a certain number of shares at a fixed price for a specified period of time. The bondholder can exercise the warrant any time during its life span, which could be a few years, or an indefinite future period.

■ 채권 관련 용어

Face Value

Face value is the amount of a debt obligation that is stated as payable in a debt document. The face value does not include any of the interest or dividend payments that may later be paid over the term of the debt instrument. The face value of a bond may also be known as its par value.

Nominal Interest Rate

The nominal interest rate is generally referred to as an interest rate before inflation, fees or compound interest. Nominal also describes the stated or advertised loan interest rate before any compound interest or fees are added on. It refers to the rate of cost if you're borrowing or the rate of earnings if you're investing.

Stated Interest Rate

The stated interest rate is the interest rate listed on a bond coupon. This is the actual amount of interest paid by the bond issuer. Thus, if the issuer pays $60 on a bond with a face value of $1,000, then the stated interest rate is 6%. The stated interest rate is also known as the coupon interest rate and the face interest rate.

Effective Interest Rate

The effective interest rate is that rate of interest actually earned on an investment or loan over the course of a year, incorporating the effects of compounding.

Yield

Yield refers to the return that an investor receives from an investment such as a stock or a bond. It is usually reported as an annual figure. In bonds, as in any investment in debt, the yield is comprised of payments of interest known as the coupon.

Market Interest Rates and Bond Prices

Once a bond is issued the issuing corporation must pay to the bondholders the bond's stated interest for the life of the bond. While the bond's stated interest rate will not change, the market interest rate will be constantly changing due to global events, perceptions about inflation, and many other factors which occur both inside and outside of the corporation.

The following terms are often used to mean market interest rate:

· effective interest rate

· discount rate

· yield to maturity

· desired rate

Discount bonds	Market rate	>	Stated rate
Par bonds	Market rate	=	Stated rate
Premium bonds	Market rate	<	Stated rate

선박금융은 대부분 금융리스로 분류된다. US GAAP상 금융리스 분류기준은 아래와 같다.

To be classified as a finance lease, at least one of the following criteria must be true:

· A transferral of ownership of an asset to the lessee at the end of the term of the initial lease.

- The lessee is reasonably certain that they will exercise a purchase option at the end of the term of the lease.
- The leased asset has no alternative use to the lessor at the end of the lease.
- The lease term is a major part of the economic life of the underlying asset (75% was the previous common bright line test number, and most organizations continue to use this to determine "major part").
- The present value of lease payments is substantially all of the fair value of the leased asset (90% was the previous bright line test number, and most organizations continue to use this to determine "substantially all").

Fiscal Year

A fiscal year refers to a consecutive 12-month cycle used by companies and governments for accounting and budgeting purposes.

Calendar Year

The calendar year refers to a one-year period, beginning on Jan. 1 and ending on Dec. 31.

Compensating Balance(꺽기예금)

The borrower who agrees to hold a compensating balance promises the lender to maintain a minimum balance in an account. The compensating balance is usually a percentage of the loan total. The funds are generally held in a deposit account such as a checking or savings account, a certificate of deposit(CD), or another holding account.

Consideration /kənˌsɪd.əˈreɪ.ʃən/

an amount of money as payment for a service in a contract, something with financial value that is given in exchange for something else, for example, a bank loan that is made in exchange for the borrower's promise to repay it.

Mark up

to give (something) a higher price

Mark down

to give (something) a lower price

선주, 해양대생의 비전

해양대 후배들은 알 선생과 다른 길을 갔으면 한다. 스스로 평범한 사람이라고 한계 짓지 말고, 현재의 신념과 가치관에 매몰되어 있지 말고, 새로운 세계와 접하면서 자신의 생각을 넓혀 보기를 권한다. 그래야 미래가 바뀐다. 인생이 바뀐다. 지난 졸저『선박금융 이야기』,『선박 투자 이야기』에서 승선을 하여 선주가 되기를 권했던 이유이다.

물론 이는 어디까지나 알 선생 개인적 견해에 불과할 수 있다. 그래서 조심스럽다. 사람마다 살아온 궤적이 다르고, 그래서 가치관도 모두 다르다. 인생에 정해진 하나의 답은 없다. 그럼에도 감히 시리즈 마지막인 이 책을 후배들을 위해 출판하는 이유는 분명하다. 후배들이 알 선생처럼 일개미로 살기보다는 선주가 되기를 바라기 때문이다. 결코 알 선생이 알고 있는 게 무조건 옳다는 의미에서 이 책을 쓰는 것은 아니다.

독서란 한 사람의 경험과 지식을 빠르게 습득할 수 있는 효율적인 방법이다. 부디 이 책을 통해 후배들이 선주가 되어 이 세상에 선한 착취 시스템을 구축해 주기 바란다. 사람이 홀로 생산할 수 있는 재화와 용역의 양은 한정적이다. 하지만 부자가 되면 다수의 사람들을 고용하는 착취 구조를 만들며 부를 더 늘려갈 수 있다. 해양대 후배들 역시 그 정도로 부자가 되어 인간을 배려하는 착한 사회 구조를 만드는 데 기여해 주었으면 한다.

인생을 살다 보면 본인이 자라온 환경, 성격, 기질, 가치관, 부모님 등의 영향으로 유사한 생각과 결정을 하고 비슷한 결과로 인해 반복적 후회를 하는 본인의 모습을 보게 된다. 그렇기에 본인이 가진 것을 버리지 못한다면 본인의 인생은 죽는 날까지 변화가 없을 것이라는 사실을 깨우치게 된다. 삶의 변화를 바라는 해양대 후배들이 있다면 꾸준한 인문학 독서를 권한다.

육상의 직장 생활

알 선생은 30대 후반까지 일에 매몰되어 살았다. 선박금융과 S&P 업무를 배우기 위해서라면 잦은 이직도 서슴지 않았다. 소속사가 다음 달에 망할 회사라 해도 신경 쓰지 않았다. 원하는 업무만 배울 수 있다면 그만이었다. 하루에 3~4시간만 자도 피곤한지 몰랐다. 시장에서 살아남고자 회계, 세무, 재무, 해상보험, 국제법, 상법, 해운 시황 분석, 영어, 협상력, 영업 등 정말 많은 분야의 공부를 꾸준히 했다. 노력의 결과는 좋았을까? 투여한 자본과 시간 대비 보상은 미미했다. 왜? 그 이야기를 풀어보고자 한다.

처세와 정치의 장

혹자는 일을 잘하는 게 직장 생활 최고의 미덕이라 생각하기도 한다. 천만의 말씀이다. 업무 능력이 곧 승진이나 여타 보상으로 돌아온다는 보장은 없다. 회사도 조직이고, 모든 조직 생활에는 처세와 정치가 필요하기 때문이다.

물론 업무 역량이 뛰어난 사람이 정치 역량까지 갖추었다면 이상적이겠지만 일반적으로 일을 잘하는 사람은 정치력이 떨어진다. 그간의 회사 생활을 돌아보면 업무 역량이 뛰어난 직원들은 일에 집중할 뿐 정치에는 신경을 잘 쓰지 않았고, 정치는 나쁜 것이라고 생각하는 성향이 강했다. 하지만 자신의 이익을 위해서든 피해를 입지 않기 위해서든 정치가 필요한 게 현실이다.

정치력이 없어 끝내 불행을 겪고 마는 사례는 역사에서도 찾아볼 수 있다. 초한지에 나오는 한신 장군은 뛰어난 역량으로 항우와의 중요한 전쟁을 승리로 이끌며 유방이 한나라를 건국하는 데 크게 기여했지만 결국 토사구팽 당했다. 또 판옥선 및 거북선을 만들고 잘 훈련된 수군을 양성해 막강한 전력을 구축했던 이순신 제독은 어떠했던가. 능력 없는 정치꾼들에 의해 옥고를 치르고 말았다. 이순신 제독께서 어렵게 구축했던 막강 수군 전력은 ○○장군이 바다에 수장시켜 버렸다.

어쩌면 정치력과 처세술이야말로 업무 역량보다 우선시해야 할 직장인의 필수 역량일지 모른다. 하지만 10명의 신입사원이 입사하면 그중 2~3명 정도만 정치력이 있을 뿐이다. 반면 우수한 능력에 비해 처세술이 너무 부족한 사원들도 있다. 그래도 그들 모두 과장급까지는 함께 진급해 나갈 수 있다. 하지만 차장이나 부장급부터는 얘기가 달라진다. 정치가 필요하다. 이때부터 윗사람 잘 모시지 못하는 직원들은 도태되기 시작한다. 정치력이 없는 죄로 나보다 능력 없는 상사에게 비합리적 업무 지시를 받을 때면 그 스트레스는 이만저만한 게 아니다.

사람이란 아무리 인격적으로 성숙할지라도 이해관계 앞에서는 서로 싸우기 마련이다. 인간은 이기적인 동물이고, 그래서 자기를 중심으로 모든 상황을 판단하여 움직이기 때문이다. 어떤 상황에서 A가 B의 편을 들어준 적이 있다고 해서 훗날 똑같은 상황에서 B도 A의 편을 들어준다는 보장이 없다. 서운함과 배신감은 비일비재 겪어야 하는 감정이다. 그래서 "공감은 하되 결코 동조하지 마라"는 격언을 따라야 한다. 조직 생활을 버텨 낼 금과옥조 같은 조언이다.

사람보다 무서운 존재가 없다. 사람과 사람 간의 투쟁만큼 치열한 전투가 없다. 특히나 욕심 많고 잘난 척하기 좋아하는 한국인들은 더 그렇다. 부정하고 싶고 바뀌어야 하겠지만 회사란 그런 곳이다. 요지경 난장판이다. 수준 낮은 인간들과의 정치 싸움의 연속이다.

지위와 인성은 비례하지 않는다

알 선생은 과거 고정관념이 하나 있었다. 사람이란 인성을 키우기 위해 마땅히 중고등학교는 졸업해야 한다는 소신이었다. 하지만 편견이었다. 회사에서 가장 성격 안 좋고 팀원들을 괴롭혔던 상사들은 하나같이 서울 명문고 출신이었다. 반면 검정고시 출신들은 대체로 인성이 좋고 착했다.

물론 알 선생 개인의 경험에만 근거한 성급한 일반화일 수 있다. 하지만 내신 성적 때문에 자퇴하는 학생들이 늘어나고 있다는 신문 기사를 보면서, 알 선생은 이제 우려의 시선을 보내지 않는다. 인성은 학교 교육과 별 관계없음을 알게 되었기 때문이다. 그것은 예나 지금이나 똑같았던 것 같다. 박시백의 『조선왕조 오백년』을 읽어 보라. 글밥 많이 먹었다는 양반들의 이전투구를 보자면 정말이지 인간이란 답이 없는 존재 같다. 지구상 그 어떤 생명체보다 독하고 악하고 무서운데, 이를 개선할 해법도 없다.

한 번이라도 배신을 당해 보면 알게 된다. 배신이란 믿었던 사람, 친했던 사람에게 당하기 마련이다. 알 선생도 선후배나 가까운 지인 그리고 처가 식구에게 배신당한 경험이 있다. 믿었던 사람들이었던 만큼 애정과 열정을 쏟아 도움을 주고 지원했지만 남은 것은 시린 가슴뿐이었다. 그랬음에도 어느 순간 또 사람을 믿고 있는 내 자신을 발견할 때면 한숨이 나온다.

사실 직장 생활을 비롯해 우리 삶을 힘들게 만드는 것은 일 자체가 아닐 것이다. 그렇다고 자연도 기계도 아니다. 자연과 기계는 나를 괴롭히지 않는다. 회사가 지옥인 이유는 바로 사람에 있다. 저명한 철학자나 심리학자들은 인간사 문제의 99% 이상이 인간에서 비롯된 문제라고 말한다. 한 심리학자는 아예 인간이란 속이고, 조작하고, 획책하고, 기만하고, 왜곡하고, 축소하고, 호도하고, 배신하고, 얼버무리고, 부정하고, 생략하고, 과장하고, 모호하게 뒤섞는 능력이 거의 무한에 가깝다고 지적했다. 사회생활 중 무수히 경험했던 바, 크게 공감이 간다.

현 직장에도 끔찍이 싫어하는 인간이 몇 있다. 같은 공간에 있는 것만으로도 알 선생의 회사 생활을 지옥으로 만드는 존재들이다. 소통불가에서 오는 스트레스. 우월적 지위를 활용해 행하는 갑질과 괴롭힘. 그래서 몇몇 주니어 직원들은 그 괴로움을 이기지 못해 우리나라 최고의 직장으로 간주되는 이 직장을 그만두었고, 일부는 이동 신청을 통해 다른 부서로 도망갔다. 얼마 전 블라인드에는 그들에 대한 성토가 연이어 올라와 게시판을 달궜다. 소시오패스 성향이 강한 그들을 알 선생도 속으로 욕했다. 정말이지 지위가 인격을 높이지는 않는다.

회사, 직원들의 희생으로 성장하는 조직

○기업에 다니는 고향 후배를 만났다. 안색이 좋지 않기에 무슨 일인지 물었다. 사연인 즉, 낙하산으로 오게 될 임원이 연봉 및 업무추진비가 적다고 야단법석을 쳤단다. 그래서 상부 기관에서 연봉과 업무추진비를 높일 방안을 마련하라는 지시가 내려왔고, 이에 관련 본부장과 인사부장이 후배에게 해당 업무추진을 지시했다고 한다. 임원 연봉과 업무추진비는 본래 정해진 규정에 따라 책정되기에 후배는 여러모로 극심한 스트레스에 시달리고 있었다.

후배에게 지시를 내린 본부장의 경우 자회사 사장 이동을 눈앞에 둔 상태였다. 인사부장 역시 마찬가지, 곧 임원 승진을 앞두고 있다 했다. 그들은 회사 생활 중 마지막 진급 및 이동을 앞둔 상태였다. 그러니 차후 일이 잘못되어도 그들은 회사를 떠나 있을 터, 결국 감사와 문책은 고스란히 후배의 몫이 된다.

회사란 그런 조직이다. 아랫사람들의 희생으로 성장한다. 그 성장의 공을 얻어먹는 소수의 사람들이란 승진을 위해 부하 직원에게 온갖 책임과 스트레스를 전가하는 이들이다. 물론 노예를 더 위하려는 좋은 기업들도 어딘가 있을 것이다. 하지만 그런 기업도 회사의 규모가 어느 정도 커지면 본인들의 사리사욕만 챙기려는 사람들로 들끓게 되고,

착한 노예들은 그들의 술수에 처절히 당하며 일할 수밖에 없게 된다. 물론 착취당하는 노예 생활에 익숙해져 거뜬히 그런 상황을 버텨낼 수 있는 사람도 있을 것이다. 하지만 사람이란 모두 같을 수 없다. 대기업에 들어가 안정적으로 월급 받는 삶을 미덕으로 여기는 사람도 있겠지만 대부분의 사람들은 싫어도 버티는 것이다.

승선을 했다면 달라졌을까? 단언컨대 달라졌을 것이다. 착취 구조가 육상의 직장처럼 단단하지는 않기 때문이다. 그래서 조직 내 인간관계에서 오는 스트레스도 현격히 덜했을 것이다. 승선을 했는데, 선장, 일항사, 2항사가 모두 빌런이었다고 가정해도 5년 내에는 최소 선내 넘버 2가 된다. 또한 각자 당직 시간이 다르기에 바로 곁에서 괴롭힘을 당할 가능성도 훨씬 낮다. 착취당하는 상황을 고귀한 희생으로 간주할 마인드가 없다면 승선이 답이라고 주장하고 싶다.

어머니의 여관

1980년대부터 어머니께서 여관을 운영하셨다. 어린 알 선생의 눈에는 이해되지 않던 일들이 많았다. 가령 구청 위생과, 소방서, 경찰서에서 사람들이 나왔을 때면 어머니께서 꼭 돈 봉투를 그들에게 건넸는데, 그 장면이 특히나 이해되지 않았다. 여관의 특성상 객실에 비싸고 분위기 있고 품질 좋은 커튼을 달았는데, 소방서에서는 규정상 싸구려

화재 차단 커튼을 달아야 한다며 돈을 뜯어 갔다. 모두 자고 있는 새벽 시간에는 경찰들이 들이닥쳐 범죄자 색출을 명분으로 각 객실 손님들을 깨워 신분증을 요구했다. 잠을 깨 화가 난 손님들은 당연히 아우성이었고, 그런 손님들의 이탈을 막기 위해 어머니는 경찰 호주머니에 돈 봉투를 넣어야 했다.

돈 봉투를 받고 가야 공무원들의 방문도 한동안 잠잠해졌다. 그래도 어머니는 자식들을 키워야 했기에 부조리한 작태에 순응하며 여관을 운영하셨다. 역사책에도 나오지 않던가. 관직에 종사하는 자들의 청탁과 비리, 부정부패는 사라진 적이 없다.

어머니와 다른 삶을 살 거라고 기대했지만, 알 선생의 직장 생활도 어머니와 다르지 않았다. 자신의 영달만을 위해 무리하게 업무를 강행 처리하는 상사들과 동료들을 보면 환멸을 느끼지만 참아야 한다. 업무 역량 면에서나 인격적인 면에서나 수준 낮은 사람이 진급을 해서 피라미드 상단으로 올라가도 참아야 한다. 인성이든 능력이든 지식이든, 뭐 하나라도 어느 정도 수준만 된다면 참을 만하지만 그렇지 않은 경우가 있더라도 참아야 한다.

억울해할 것도 없다. 피라미드 구조를 갖춘 조직에서 승진과 평가는 윗사람이 하는 일이다. 일을 처리해도 윗사람의 의중을 잘 파악해서 그에 맞게 처리해야 한다. 대기업에서 임원이 되신 형님들께서 항상 하셨던 말씀이 있다. 출세를 하려면 윗분들을 잘 모셔야 한다고 조언하셨다. 퇴근 후 술도 함께 마셔 주고, 아부도 떨어 주고, 주말에 등산이나 낚시도 같이 가고, 골프장도 예약해 잘 모셔야 한다고 했다. 불합리하고 무리한 지시를 받아도 싫은 내색을 하지 말아야 한다고 강조하셨다. 어머니께서 웃으며 공무원들의 주머니에 돈을 찔러 주었던 것처럼.

정도의 차이가 있을 뿐 직장 생활을 한다면 어떤 회사이든 하기 싫은 일을 하며 버텨야 한다. 암에 걸릴 것 같아도 가족을 위해 지옥 생활을 견뎌야 한다. 우리네 부모님이 그러했듯, 우리도 자식을 위해 참아야 한다.

대안은 공기업?

최근 직장인 명퇴가 40대 초반까지 내려갔다. 초중고대학까지 16년간 사교육과 공교육에 많은 시간과 돈 그리고 노력을 투자한 것을 감안하면 가성비가 매우 떨어지는 인생이다. 그런 현실을 알건만, 알 선생도 자식에게 똑같은 미래를 물려주고 있다. 아들의 국영수 과목에 들어가는 교육비가 어마어마하다. 불안감에 시키고는 있지만 이것이 현명한 짓인지는 모르겠다. 차라리 그 사교육비로 주식을 사서 물려주는 것이 현명한 것이 아닌지 고민을 해 본다.

공기업이라면 나을까? 공기업 다니는 친한 후배들과 이야기를 나눠 보면 그것도 답은 아닌 것 같다. 후배들은 어릴 때부터 엄청난 돈을 사교육비로 썼고, 쉼 없이 공부를 했다고 한다. 학교 다니는 동안 행복하지 못했지만 열심히 공부한 만큼 성적이 좋아 외고를 다니고 서울에 소재한 명문대를 졸업한 그들이 최고의 선택지라 판단하여 입사한 곳이 공기업이었다. 물론 일부 후배들은 지방에서 평범하게 공부를 하다가 지방대를 졸업해 지역균형 인재 전형으로 공기업을 들어오는 경우도 있었지만 어쨌든 공기업은 많은 이들이 선망하는 곳이다. 어느 정도 정년이 보장되어 있기 때문이다.

사실 1970~1980년대까지만 해도 해양대 선배님들은 육상의 주요 공공 기관 고위층에 쉽게 스카우트되었다. 하지만 고된 업무와 직장 내 처세, 인간관계 등에서 오는 스트레스와 더불어 상대적으로 낮은 연봉 때문에 그만두시고 승선을 선택하신 분들이 많았다. 그로 인해 해양대 출신들이 해운 조선 관련 주요 기관 고위 자리에서 많이 사라졌고, 알 선생은 그런 상황을 만드신 선배들을 원망했었다. 선배님들이 그 자리를 좀 지켜 주었다면 후배들이 혜택을 볼 수 있었을 거라고 생각했기 때문이다.

어리석은 생각이었다. 지금은 다르다. 공기업이 좋은 일자리이긴 하지만 최고로 좋은 일자리라고는 생각하지 않는다. 답답하고 성취감을 느끼기에는 무리가 있는 곳이다. 얼마 전 유튜브에서 외국계 선사에 근무하는 후배가 본인의 처우를 공개했다. 30대 초반인데 세후 월급이 1,000만 원이 넘고 3개월 근무에 3개월 휴가라고 한다. 세후 월 1,000만 원이면 세전 연봉으로 약 1억 7천만 원 수준이다. 일반 육상 직장에서라면 상사가 주는 스트레스, 괴롭힘, 각종 부조리 등을 견디고 나이 40대 중반이 넘어야 겨우 세전 연봉 1억이 조금 넘는다.

사람마다 생각이 다르겠지만 알 선생은 최고의 일자리를 직업적 안정성에서 찾지 않는다. 경제적 자립을 성취하는 속도를 기준으로 찾아야 한다고 생각한다. 목숨만 부지하듯 가늘고 길게 유지할 수 있는 직업인가, 하루라도 빨리 경제적 자립을 이루게 만들어 자유를 누리게 할 직업인가, 해양대 후배들이라면 어떤 선택을 해야 할지 분명해 보인다.

전문직도 답이 없다

한때 변호사와 회계사라는 직업에 환상을 가졌던 적이 있다. 환상이 사라졌던 때는 선박금융 업무를 하면서였다. 우리나라 최고의 로펌 변호사들과 곧잘 일을 했는데, 그들 대부분 매일 새벽까지 근무했고 주말에도 일을 했다. 주니어 변호사의 세후 연봉은 상선 일항사 수준보다 적었다. 게다가 변호사들도 경쟁이 치열해 주니어 시절을 벗어나면 영업을 해야 했다. 거래처의 각종 경조사를 다 챙겨야 하고, 장례식

장에도 꼬박꼬박 얼굴을 내비쳐야 했다. 파트너 변호사의 능력도 결국 영업력이었다. 명문대와 로스쿨을 다니고자 엄청난 양의 공부를 했을 것이고, 오랜 시간 사교육비도 어마어마하게 들어갔을 텐데, 그들이 받는 처우가 해양대 출신 해기사보다 결코 낫다고 볼 수 없었다.

회계사도 마찬가지였다. 우리나라 최고 회계법인에 다니는 회계사들과 자주 일을 했었는데, 결산 시즌에는 거의 매일 새벽까지 일했고, 주말 근무에 휴식도 없었다. 그들로부터 자신들의 연봉을 시급으로 환산하면 최저 시급도 맞추기 어렵다는 자조 섞인 말을 자주 들었다. 겉으로 보기에 참 좋아 보였던 주니어 회계사들이었지만 경력이 쌓이고 나이가 들면 파트너가 되기 위한 경쟁을 해야 한다. 파트너가 되지 못할 경우 법인을 나가야 한다고 걱정했다. 파트너 회계사가 되어도 끝이 아니었다. 거래처를 상대로 영업을 해서 계약을 가져와야 한다고 했다. 여기도 결국 피라미드 구조였고 시니어가 되면 영업을 해야 하는 시장이었다.

변호사나 회계사라는 직업을 하찮게 보자는 말이 아니다. 해기사라는 직업이 생각보다 훨씬 메리트가 많다는 점을 후배들에게 말해 주고 싶을 뿐이다. 변호사나 회계사가 되려면 상당한 시간, 노력, 에너지, 돈을 써야 한다. 과거에는 배출되는 인원을 통제했기에 기득권 혜택을 받았으나 이제는 독점적 장벽이 붕괴되어 과거와 같은 혜택은 누리기 어렵다.

반면 해기사는 일반 사기업에서 40대 후반 은퇴 직전에야 겨우 받을 수 있는 연봉을 20대 후반부터 받는다. 그만큼 남보다 빨리 경제적 자립을 이룰 수 있는 것이다. 어릴 때부터 비싼 학원을 다니고 고액 과외를 받으며 특목고 SKY 대학교를 나와 전문직 직장인이 된들 그 연봉은 시골 깡촌에서 자라 해양대를 졸업한 항해사나 기관사보다 훨씬 적다. 여의도에서 인센티브 포함 연봉 3억 이상을 받는 40대 금융맨들도 세후 연봉은 30대 초반의 선장과 비슷하다. 흙수저에게 해양대가 기회의 학교라고 거듭 말하는 이유이다.

어느 회계사의 푸념

언젠가 평소 친분 있던 ○회계사가 알 선생에게 푸념을 늘어놓았다. 대형 회계법인에서 일을 하다가 이직을 했고, 그 즈음 알 선생을 만나게 되었다. 한탄의 내용은 30대 후반이 되었는데 연봉이 아직도 7천만 원 수준이라는 것이었다. 초등학교와 중학교 때 제대로 놀지도 못하고 각종 사교육과 공부를 미친 듯이 해서 외고를 들어갔고, 외고 다닐 때에도 미친 듯이 공부해서 서울 명문대를 들어갔고, 대학 시절에는 회계사 준비로 도서관에서 살았건만, 그만한 대우를 받지 못하고 있다는 억울함이 밴 푸념이었다.

깊은 공감을 표했다. 사실 알 선생도 마찬가지였으니까. 두 번의 석사 유학과 박사과정까지 마쳤지만 월급도 처우도 30대 초반의 선장 후배들에 한참 못 미친다. 무엇을 위한 고생이었는지 싶다. 학위를 취득하는 기간 받은 스트레스와 지출한 교육 비용들도 이제는 아깝다고 느껴진다. 외국계 선사의 LNG선에 기관장으로 승선하고 있는 고향 후배는 승선 기간 동안 매월 2만 2천 불 이상의 월급을 받는다고 한다. 지금 환율로 환산하면 월 3천만 원 이상의 월급을 받는 것이다. 나는 도대체 무슨 짓을 했던 것일까?

수년 전 도선사가 된 같은 반 동기의 인스타그램을 보면 요즘 내 자신이 너무 한심하다. 수시로 떠나는 럭셔리 세계여행, 고급스러운 전 세계 맛집 탐방, 돈에 구애 받지 않는 명품 쇼핑, 그의 삶이 너무 부럽다. 그와 나의 시작은 똑같았다. 같은 날 해양대 항해과에 입학했다. 하지만 졸업 후 25년이 지나니 둘의 삶은 너무 달라져 있다. 격차가 벌어져도 너무 벌어졌다.

회계사나 알 선생이나 대체 무엇을 위해 젊음을 책상 위에 버렸던가. 그때 누군가 다른 삶의 비전을 보여 줄 수 있었다면 둘의 삶이 달라져 있을 것이다. 적어도 서로의 한탄이나 공감해 주는 처지는 아니었을 것 같다.

갑을관계

사회생활을 하며 갑을관계에 대해 느낀 점이 있다. 갑의 위치에서 상대방에게 부드럽고 따스한 언행을 보여 주면 을은 갑을 매우 좋은 사람으로 평가한다. 하지만 그 반대의 경우는 성립하지 않는다. 을일 때에는 아무리 친절한 언행을 보여 주어도 그 가치가 평가절하된다. 사장이 직원에게 베푸는 약간의 친절은 호평으로 이어지지만 직원이 사장에게 행하는 친절은 당연한 것으로 받아들여지는 것이다. 말단 직원부터 시작해 위로 올라가는 길이 힘든 여정인 이유이다. 조직은 그런 갑을관계의 생리에 따라 움직인다.

알 선생이 해양대 후배들에게 승선을 해서 선장이 되고, 종국에는 선주가 되라는 것도 그래서이다. 선주가 되어 선의를 베풀어 보라. 주변의 좋은 평가를 받을 것이다. 하지만 조직의 노예가 되는 순간 아무리 선하게 살아도 내가 베푼 선의는 선의로 평가받지 못한다. 노예로서 당연히 행해야 하는 덕목일 뿐이다.

40대가 되어서도 우월적 지위에 있는 타인에게 내 가정의 안위와 경제권을 종속당하고 있다면 얼마나 비참하겠는가? 비참해도 도리가 없다. 오히려 40대에 접어들면서는 고용에 대한 불안감에 시달린다. 30대 후반까지만 해도 이직 및 일자리 유지에 자신감을 가질 수 있지만 이후로는 다르다. 민간 기업에 고용되어 있는 한 고용에 대한 걱정은 사라지지 않는다. 설상가상 건강도 문제다. 선배 직장인들이 쓴 글을 읽다 보면 한결같이 꾸준히 운동을 해야 한다고 말한다. 이기적인 사람들 사이에서 부대끼고 버티며 젊음을 일터에서 불태운 결과 남는 것은 망가진 몸과 마음의 병이다.

소시오패스가 성공할 확률이 높은 곳

운이 좋아 좋은 사람을 만나면 열심히 일한 만큼의 인정을 받을 수 있다. 하지만 조직 생활을 하며 인격적으로 성숙한 사람을 만나기란 결코 쉽지 않다. 가만히 있어도 주변에는 반드시 나를 시기하고 음해하는 사람들이 있다. 그런 관계망 속에서 정치 실력만 십분 발휘하여 직장 생활의 승부를 보려는 사람들도 있다. 직장 블라인드 앱을 보면 사내 정치에 대한 성토의 글들이 가득하다.

실제로 알 선생 주변에도 그런 사람들이 많았다. 보통 소시오패스나 예스맨이 승진을 위해 부하 직원들을 이용하는 경우가 빈번했다. 피라미드 구조에서 살아남은 부장과 팀장들은 일만 잘하는 사람들이 아니다. 대부분 처세에 능하고 독한 사람들이다. 저명한 심리학자가 조사한 통계에 따르면 조직의 고위임원 중 최소 40% 이상이 소시오패스 성향을 갖고 있다고 하는데, 정말 사실이다. 물론 돌연변이처럼 피라미드 상단에도 좋은 분들은 분명 존재한다.

사실 팀장이 똑똑하거나 양심이 있다면 문제 있는 프로젝트의 경우 본인 선에서 내친다. 하지만 팀장이 출세욕이 강하거나 멍청하거나 양심이 없다면 문제 있는 프로젝트를 보고하면서 윗선으로 의사결정 책임을 넘기기도 한다. 그러면 윗선 부서장이 최종 선택을 해야 하는데, 이때도 부서장이 똑똑하거나 양심적이라면 프로젝트를 반려해 버리지만 출세 지향적이거나 멍청하면 실적 때문에 프로젝트를 진행시켜 버린다. 그 경우 죽어나는 사람은 부하 직원이다. 하지만 그들은 개의치 않는다. 2차 대전 당시 수많은 유대인을 학살했던 주범 아돌프 아이히만처럼 그저 상부의 지시를 이행한 것일 뿐이라고 생각하고 만다. 소시오패스가 특별한 곳에 따로 있는 게 아니다.

한 일간지 신문사 기자 분이 쓰신 글이 떠오른다. 기자를 그만두고 노가다를 하시던 분이었다. 한때 기자였는데 자존심이 상하지 않느냐는 질문을 주변에서 자주 받았다고 한다. 기자 분은 오히려 자존감이 살아났다고 답하셨단다. 일 때문에 기득권에 빌붙어 살고, 광고 때문에 사람을 해하는 쓰레기 기사를 쓰지 않아도 된다고. 무엇보다 사람을 해하지 않아도 된다고. 직장이란 곳에서 인간의 본성이 어떻게 굴절될 수 있는지 지적한 탁견이 아닐 수 없다. 소시오패스로 변할 준비가 된 사람만이 이 지독한 직장에서 쉽게 성공할 수 있다고 생각한다.

그래도 육상이라면 차라리 창업을

많은 후배들이 본인들은 남들과 다를 것이라는 꿈을 갖고 유학을 떠나거나 대기업에 취직하거나 공무원이 되는 등 일개미 대열에 합류할 것 같다. 알 선생의 생각은 반대다. 다시 과거로 돌아간다면 군 제대 후에도 계속 승선을 했을 것이다. 유학을 포기하고 결혼 전까지 승선을 하여 선장이 되고, 착실히 모은 돈으로 현명하게 투자하며 자본을 축적해 선주가 되었을 것이다. 하지만 알 선생은 반대의 길을 택했다. 해외 유학도 두 번이나 다녀왔고 박사 학위까지 취득했다.

그 결과가 지금의 현실이다. 은행 모기지, 생활비, 카드값, 아들 교육비, 노후 걱정으로 일상을 채우며 사는 생계형 월급쟁이다. 앞으로도 후배 직원들에게 밀릴 걱정에 윗사람 눈치 보며 살아야 한다. 30대까지 몸을 갈아 넣으며 조직에 헌신하지만 50을 바라보는 지금 남은 것이라고는 걸레가 된 몸뚱이와 실직 및 노후자금에 대한 공포이다. 우리나라에서 나이 50 넘어가면 채용에 있어 아무리 자격증이 많고 경력과 학벌이 출중해도 서류 통과도 어렵다. 결국 자기 사업만이 살길이다. 노후에 아파트 경비 하면서 젊은 사람들에게 갑질이나 당하며 살고 싶은 사람은 없을 테니까.

그래도 육상 생활을 추구한다면 해양대 후배들의 경우 월급쟁이보다는 차라리 일찌감치 창업을 선택하면 좋겠다. 물론 창업을 선택하더라도 그 목표가 커피숍, 통닭집, 노래방이어서는 안 된다. 보다 원대한 목표를 수립해 창업하거나 주식을 받고 동업에 참여하기를 권한다. 초기에는 창업 멤버들의 영업력과 기획력이 중요하지만 조직이 커지면 관리가 중요해지기 마련인데, 그때에 이르러 주식이 없을 경우 멤버들은 소외감과 서운함을 느껴 월급으로라도 보상받고자 기득권을 놓지 않으려 할 것이기 때문이다. 그렇게 되면 조직의 발전에도 해가 된다. 주식과 IPO는 인간 심리와 조직 운영에 매우 긍정적인 영향을 주는 좋은 도구이다. 회사가 잘되어 IPO를 진행하고 주식의 가치가 올라가면 본인이 쏟아 부은 열정과 에너지에 대한 보상을 받을 수 있기 때문이다.

반면교사 알 선생 이야기

알 선생의 경우는 이제 새로운 길을 모색하기 어렵다. 30대 중반까지는 더러운 상황이 싫어 그저 그 자리를 피하고자 이직을 했다. 하지만 나이가 들고 이력서가 지저분해지면서 버티기에 들어갔다. 그런 내 모습이 어느 순간 비참하게 느껴졌다. 물론 비교적 젊은 시절까지라면 직장 생활이 전혀 무의미한 것만은 아니다. 인생을 길게 보면 마음의 상처를 받는 경험도 괜찮다고 생각한다. 그런 일을 겪으면 내면적으로 발전하며 스스로 다른 길을 모색함으로써 결국 보다 나은 미래를 개척할 수 있기 때문이다. 다만 이룰 만한 발전을 다 이뤘음에도 다른 길을 선택하지 않는 우를 범하지 않기를 바란다. 대표적인 반면교사가 바로 알 선생이다.

감옥 열쇠 대신 빵을 선택하는 죄수

언젠가 단칸 만화 한 편을 인상 깊게 보았다. 한 죄수가 창살 넘어 있던 빵과 열쇠 중 빵을 집는 만화였다. 어리석은 알 선생 같았다! 감옥 같은 회사 생활을 벗어나려면 열심히 돈을 모아 투자를 해야 하는데, 여전히 감옥 밖으로 나갈 열쇠가 아닌 월급이라는 빵만 바라보며 오늘도 고통의 시간을 보낸다. 남의 시선 때문에 중형차를 구입했고 폼 나는 아파트에 사느라 모기지 대출 이자에 허덕인다. 그러면 또 스트레스를 풀어보겠다고 맛집을 찾아다니거나 해외여행을 다녀온다. 지옥과도 같은 생활을 그렇게 스스로 연장해 가며 경제적 자유와는 점점 더 멀어져 간다.

유튜브에서 보았던 젊은 부부가 떠오른다. 제도권 교육을 받고 서울의 명문대를 졸업한 후 대기업을 다니던, 남들이 보기에 완벽한 조건의 커플이었다. 하지만 경기도에 마련한 신혼집에서 3시간 이상의 시간을 출퇴근하는 데 버리고, 월급의 상당액을 모기지 이자 상환에 투입하는 생활의 연속에서 결코 행복하지 않았다고 한다. 퇴근 후 집에 오면 피곤해 잠자기 바빴고 주말만 기다리는 생활, 결국 부부는 더 이상 은행의 노예로 살지 않겠다고 결심하며 과감히 귀촌을 했다. 이후 책도 읽고, 텃밭도 가꾸고, 밤에는 별도 보고, 비 오는 날에는 파전에 막걸리도 먹는 인생을 살고 있다. 걱정했던 경제적 문제도 겪지 않고 있으며, 먹고살 정도는 벌고 있다고 한다.

부부의 용단이 멋져 보였다. 실제로 흙수저 지방 출신이 서울에서 직장 생활을 시작하면 은행의 노예가 되기 십상이다. 귀촌 전의 저 부부처럼 살게 된다. 운 좋은 은행원들이야 나이 50대에 7억~8억 원가량의 명퇴금을 받고 회사를 나올 수 있겠지만 일반 회사원의 경우 대부분 아무런 대책 없이 그냥 회사에서 잘리기 마련이다. 평생 은행의 노예로 살다가 쓸쓸히 퇴장하는 것이다. 알 선생도 진작 부부처럼 감옥 열쇠를 집었어야 했다. 하지만 빵을 선택했고, 그 죗값을 오늘도 받고 있다.

노력해도 나아지지 않는 삶

법륜 스님이 유튜브 강연에서 한 말씀이 있다. 욕심이란 노력을 안 하면서 좋은 결과만 바라는 것이란다. 노력을 3만큼 하고 10의 결과를 바라는 게 욕심이라고 한다. 욕심을 부리면 강박관념이 생기고 강박관념은 목표를 달성하게 해 주는 것이 아니라 달성하기 어렵게 만든다고 한다. 그래서 욕심을 버리라고 하신다.

좋은 말씀이지만 그게 어디 쉽겠는가? 미래에 희망이 없다면 지금 당장 별 문제가 없더라도 사는 게 괴롭다. 알 선생도 그렇다. 선주가 되겠다는 꿈은 사라졌고, 월급쟁이로 하루하루 근근이 버티며 산다. 너무 답답할 때면 제법 성공하신 선배님들께 마음을 토로하고 이런저런 조언을 받기도 한다. 선배님들께서 말씀하신다. 골프 등 대외활동을 활발히 하고 주변 경조사도 잘 챙기고 다니란다. 하지만 가슴에 와 닿지 않는다.

무엇보다 돈이 없다. 지금도 마이너스인 가정 경제에 더 많은 경조사를 챙기고, 골프까지 치려면 파산이다! 그럼에도 빚을 내어 골프장을 쫓아다니고, 지금도 너무 많아 벅찬 경조사를 더 챙겨야 하는 것일까? 경조사를 챙긴다는 게 단순히 조의금과 축의금만 쓰는 일이 아니다. 원거리 이동에 따른 각종 비용, 에너지와 시간이 상당히 많이 소모된다.

물론 알 선생의 인생을 바꿀 방법을 모르는 게 아니다. 25년 넘게 해오고 있는 주식 투자다! 요즘 주식 시장을 보면 대형 버블이 터질 것 같다. 그러면 주식 시장이 폭락하고 엄청난 기회를 맞이할 듯한데, 돈이 없으니 내 기회가 아닐 것 같다. 하루 두 시간을 도토리 심기에 투자해 황무지를 숲으로 만들었다는 양치기처럼 돈을 모아야 했지만 그럴 여력이 없었다. 집이라도 일찌감치 처분했어야 했는데, 전세살이로 인한 잦은 이사와 집 없는 괴로움에서 벗어났다는 안도감에 집을 깔고 앉아 있다. 집값도 고점 대비 떨어져 버렸고, 모기지 이자로 허덕이고 있다. 폭락장이 왔을 때 주식이라도 사두어야 새로운 10년 후를 그려 볼 수 있을 텐데, 지금처럼 월급에만 기대어 살면 10년 후에도 루저의 삶이긴 매한가지일 것 같다. 이대로 살다가는 무덤으로 들어갈 날만 남은 것 같다.

결국 찌질이 직장인이 되다

외국계 은행 재직 중 리만 사태가 터져 신규 프로젝트 조성이 불가능해졌을 때였다. 채권 회수가 주 업무가 되자 젊고 열정 가득했던 알 선생은 프로젝트를 만들 수 있는 곳을 찾아 이직을 했다. 보수적 분위기의 큰 조직에 들어갔는데, 역시나 기득권의 경직된 문화는 알 선생을 답답하게 만들었다. 물론 당연한 면도 있기에 이해는 했다. 어느 직장이든 최소 10년 이상 근무하며 견뎌 내야 기득권을 갖게 되며 어느 정도 보상을 받을 수 있으니까.

이직 후 직장 생활이 더 힘든 것도 그래서이다. 시스템이 고착화된 조직에 들어가면 기득권들에게 무시와 텃세를 받을 수 있고, 심지어 괴롭힘도 당할 수 있다. 새로운 곳에서 성과를 보여 주려면 기존 기득권자들보다 몇 배의 노력과 에너지를 쏟아부어야 한다. 조직에서 경력직을 뽑는 목적은 자선사업에 있지 않다. 지급하는 연봉 몇 배의 가치를 뽑아 먹기 위함이다.

알 선생 역시 이직 초기, 말도 안 되게 설정되어 작동 불가한 프로젝트 구조를 뜯어 고치느라 많은 에너지와 시간을 쏟았다. 그래도 다행히 개방적인 SYS 부장님이 계셔서 프로젝트를 성공으로 이끌 수 있었다. 하지만 그 과정에서 기존 멤버들과 잦은 다툼이 있었고, 이는 알 선생의 이미지와 평판에 부정적 영향을 미쳤다. 그때는 오래 다닐 생각이 없었던 만큼 평판과 이미지 따위는 고려하지 않았다. 하지만 세월이 흘러 나이를 먹고 이직에 제약이 생기자 점차 달라졌다.

알 선생은 이제 조직의 틀에 스스로를 끼어 맞추고자 노력한다. 과거와 달리 양호한 평판을 얻고자 애쓰고 있다. 올바른 정답을 추구하기보다 상사의 의중을 파악하는 데 힘쓰고 그것을 따르려고 한다. 물론 가끔 자존심이 상하지만 이내 정신 건강을 위해 자기합리화를 해버린다. 나이가 들고 처자식이 있고 생활비를 벌어야 하니 이제는 눈치 보며 직장 생활을 하고 있다. 내가 봐도 남이 봐도 그저 그런 찌질이 직장인이 되었다.

룰이 싫으면 게임장을 나가야

괴롭고 힘든 직장 생활을 하다 보면 이 생활을 20년, 30년이나 하신 주위 분들이 존경스러워진다. 특히 만년 과장 또는 차장으로 근무하시는 분들을 보면 정말 대단하다는 생각이 든다. 얼마나 많은 시간을 참고 견디며 살았을까? 스스로를 얼마나 모질게 다스리고 내려놓았을까?

탈출할 수 없다면 자존심을 버리고 현실을 겸허히 받아들여야 한다. 부모나 조부모에게 물려받을 게 없어서 먹고살기 위해 직장 생활을 해야 하는 흙수저 노예 운명이라면 윗사람 눈치도 잘 보고, 성질도 죽여야 하고, 고분고분할 수 있어야 한다. 합리적 무시(Rational ignorance)도 직장인이 갖추어야 할 덕목이다. 자신에게 손해를 끼치는 일임에도 그에 대해 비판을 했을 때 얻을 수 있는 이익이 비판을 하지 않았을 때 얻는 이익보다 적을 때 우리는 비판을 무시하는 행위를 자주 하게 된다. 알면서도 그 합리적 무시가 정말 안 되었던 알 선생처럼 사는 게 싫다면 하루라도 빨리 경제적 자립을 이루어야 하고.

반대로 남이 만들어 놓은 게임에서 늘 지고만 있다면 서둘러 게임장 밖으로 나올 필요가 있다. 기술과 재능을 활용해 적절한 목표를 추구하지 않을 경우 인간은 무의미한 존재가 된다. 능력이나 기술에 비해 도전 과제가 너무 간단하면 삶은 지루해지고, 과제에 비해 능력이나 기술이 부족하면 삶은 불안해진다. 지루함은 좀 더 어려운 도전을 하라고 추동하는 시그널이며, 불안감은 기술을 향상시켜야 한다는 경고이다. 극심한 지루함은 우리가 능력을 낭비하고 있고 주체적으로 세상에 참여하지 못하고 있다는 증거이다. 육체적이든 정신적이든, 모든 고통은 '행동'하라는 신호이다.

A ship in harbor is safe,
but that is not what ships are built for.

– 존 A. 쉐드(John A. Shedd)

버티는 게 답?

책이나 유튜브를 보자니, 버티는 자가 강한 자라는 말들을 많이 한다. 바람이 불어야 나무가 제 뿌리를 더 깊이 내린다고 하지 않는가. 시련 속에서 단단히 내린 뿌리를 갖지 못한 나무는 결국 태풍이 불면 뽑히고 만다. 인생도 마찬가지다. 크고 작은 어려움을 잘 견뎌 내야 더 큰 위험에 직면했을 때 삶을 놓지 않게 된다. 돌이켜보면 알 선생도 힘들었던 시절이 있었다. 해양대를 떠올려 보면 적응 교육 기간, 해군 학군무관 후보생 2년차, 해군 1급함 소위 시절이 그랬다. 정말 지옥 같은 생활이었는데, 그 시기를 버텨냈기에 그 후 맞닥뜨린 많은 어려움을 극복할 수 있었던 것 같다.

직장 생활도 그래서 버텨 보았다. 하지만 버티는 것만이 능사일까? 시간이 지나면 지날수록 승리는 가까이 오지 않고 오히려 버텨야 할 이유들만 더 늘어났다. 그리고 마침내 알게 된다. 회사 조직은 내 것이 아니며, 나이가 들수록 내가 있을 자리도 없다는 사실을. 그래서 결국 욕심과 집착을 버린 채 그저 버티든 회사를 박차고 나와 자신의 사업을 하든 결정해야 한다.

많은 책들은 말한다. 루저가 성공하려면 자기 자신부터 바꿔야 한다고. 어쩌면 실패나 불행이야말로 성취의 시작일 수 있다. 행복한 사람은 현실에 안주하려는 경향이 있지만 불행한 사람이라면 뭔가를 바꿔 보고자 노력할 것이기 때문이다. 실제로 사회, 과학, 예술 등 문명사에 남는 걸작들은 모두 불행했던 사람들이 스스로를 치유하고자 이뤄 낸 산물이라고 한다.

정말이지 진로 선택은 신중해야 한다. 대학 졸업 전 미래 모습을 고민하고 결정하는 게 바람직하지만 이후에도 기회는 있다. 늦어도 30대 중반 정도에는 그때까지의 자신의 삶을 냉철히 돌아보고 향후 진로를 고민할 필요가 있다. 해양대 졸업 후 육상 근무로 10년 정도를 살았는데 삶이 변변치 않고 그 후의 삶도 나아질 가능성이 없다면 그때라도 과감히 육상 생활을 청산하고 승선하기를 권한다. 최소한 중산층 이상으로 사람답게 살고 노후 걱정도 없을 것이다. 물론 고생해서 번 돈을 육상에서 펑펑 쓰는 가족이 없다는 전제로 말이다. 아인슈타인은 말했다. 늘 똑같은 삶을 살면서 다른 미래를 기대하는 것은 정신병자라고. 인생을 바꾸려면 사람, 시간, 장소를 바꾸어야 한다.

열정 페이의 한계

젊은 시절에는 조직의 부조리한 생태를 비교적 잘 견뎌 낼 수 있다. 꿈과 야망이 있는 만큼 열정 페이를 지불할 용의가 있기 때문이다. 그래서 낮은 연봉도 감내할 수 있다. 꼰대 상사 및 질 떨어지는 동료들과의 지옥 같은 관계 역시 견뎌야 할 이유가 분명하다. 특히 특정 분야의 전문 지식 및 업무 역량을 쌓는 게 목적이라면 더욱 그렇다.

문제는 내가 목표했던 전문 지식 및 업무 역량을 갖추게 된 다음부터다. 능력을 발휘해 회사에 이익을 안겨 주는 성과를 내기 시작하면 그간 애써 외면해 왔던 수많은 문제들이 눈에 들어오기 시작한다. 특히 해운업계나 금융업계에 종사하면 내가 거둔 성과만큼의 보상이 충분히 따라오지 않아 부와 명성을 동시에 얻는 성공을 이루기 어렵다.

물론 소규모 회사라면 다를 수 있다. 일개미로 빡세게 직장 생활을 하던 중 모시던 보스가 갑자기 사망해서 그 자리를 물려받을 기회를 얻게 된다든지 사장이 젊은 날 과도한 접대 및 영업 활동으로 인해 건강을 잃어 그간 사장이 일궈놓은 거래처를 갖고 나와 독립을 한다면 성공의 반전을 쓸 수 있다. 하지만 그럴 확률 또한 얼마나 크겠는가.

운에 맡기거나 좁은 문을 통과하겠다고 아등바등하지 말자. 처음부터 높은 성공 확률이 있는 필드에서 승부를 걸어 보자. 나만은 다를 거라는 생각하기 쉽지만 시간이 지나면 깨닫게 된다. 나도 남들과 별반 다름없는 인생을 살아가고 있다는 사실을. 열정 페이는 그 목적을 달성하면 그만 써야 한다. 낭비다.

더 이상 능력을 만들어 낼 환경도 없다

K운용사 근무 당시 알 선생은 주말이면 회사를 나가거나 도서관에 가서 시황 자료를 만들었다. 월요일마다 있는 임직원 전체 회의에서 한 주간의 해운 및 금융 시장 동향에 대해 발표해야 했기 때문이다. 의무적으로 수행해야 했음에도 귀찮거나 짜증이 나지는 않았다. 그때는 업무 능력을 키운다는 목표 의식이 뚜렷했기 때문이다. 다만 많은 시간이 소요되는 힘든 작업이었던 것은 사실이다. 그래도 해당 업무를 하며『로이드 리스트』와『트레이드 윈즈』등을 읽게 되었고, 이는 알 선생의 내공을 키웠다. 게다가 영어 실력도 늘었다. 환경이 나를 발전시키고 있었다.

외국계 S은행에 다닐 때에는 영어 능력이 높아졌다. 전화 통화나 내부회의 그리고 각종 보고서 작성 시 영어가 기본이었기 때문이다. 매일 불편한 영어를 사용하다 보니 답답한 점도 있었다. 하지만 영어 실력은 분명 늘어가고 있었다. 그때도 환경 덕분에 발전하고 있었던 것이다. 그러던 중 리만 사태가 터지면서 진행하던 신규 프로젝트가 모두 중단되었다. 알 선생의 주 업무는 기존 대출 상환 독촉 및 커버넌트 관리가 되어 버렸다.

나만의 작품을 만들고 싶었던 알 선생은 S은행을 그만두고 프로젝트를 만들 수 있는 곳으로 이직해 계속 프로젝트를 만들어 나갔다. 이직한 곳이 국내 기관이었던 만큼 영어 쓸 일은 거의 없었다. 알 선생의 영어 실력은 완전히 퇴보해 버렸다. 20여 년간 영어를 공부했고, 영국에서 3년을 살며 MBA와 MSc를 졸업했지만 알 선생의 영어 실력은 여전히 형편없다. 20여 년간 영어를 공부했는데 도대체 뭘 공부했던 것인지 모르겠다. 계속 다녔다면 서울에서 살았을 것이고, 우수한 영어 실력으로 외국계 은행들로 움직이며 더 멋진 커리어를 만들어 나갔을 것이다.

환경이 능력을 키우고 능력을 없애기도 한다. 해양대 후배들도 장차 고단한 업무를 하게 될 환경에 처할 수 있을 것이다. 괴롭고 힘들게만 여기지 말고 능력을 키울 계기로 삼았으면 한다. 다만 그 환경이 바다였으면 한다.

나는 자연인이 될 수 없다

한동안 〈나는 자연인이다〉를 보며 살았다. 인터넷에서는 귀촌과 귀어촌 관련 글을 읽고 또 읽었다. 직장이고 뭐고 그만두고 떠나고 싶었던 때다. 하지만 떠나지 못했다. 회사에 내 아이 교육과 미래가 걸렸기 때문이다.

내 자신의 처지를 보며, 아들이 고등학교를 졸업하면 해양대학교에 입학했으면 하는 바람이 있었다. 아들이 나처럼 생계형 월급 노예로 살기 바라지 않았기 때문이다. 하지만 나도 비켜 가지 못한 상황을 비켜 가라고 강요하는 것은 염치없는 짓이다. 고등학교 시절 알 선생은 분명 친구들과 다른 길을 선택했다. 해양대를 선택한 것은 현명한 일이었다. 하지만 그 좋은 기회를 살리지 못했고, 바보처럼 일반대 졸업생들과 똑같은 길로 들어섰다. 다 내 탓이었다. 그런 내가 감히 아들에게 이래라 저래라 하기 어렵다.

여러 생각이 밀려든다. 아들의 미래는 결국 아들이 결정하게 될 터, 혹시 아들 녀석이 일반 대학교에 들어가게 되면 최소 어학연수 비용은 지원해 줘야 할 텐데, 대학 졸업 후 서울에서 직장이라도 잡게 되면 적어도 조그만 오피스텔 전세금 정도는 뒷받침해 줘야 나처럼 힘든 서울살이를 하게 되진 않을 텐데, 여러 걱정에 심란하다.

그래서 알 선생은 무너질 수도, 무너져서도 안 된다. 내가 무너지면 아들 녀석도 기득권에게 여러 형태의 상납을 하며 살게 될 것이다. 아파트 한 채를 갖고자 은행의 노예로 살며 평생을 발버둥 칠 것이다. 어쩌면 나보다 더 심해서 결혼이나 출산은 생각하지도 못할 것이다. 그래서 버텨야 한다. 부럽게 바라보아야만 할 뿐, 알 선생은 자연인이 될 수 없다.

고통스러워도 월급이다

철학자 쇼펜하우어는 인생이란 고통과 권태 사이를 오가는 시계추와 같다고 했다. 고통은 욕망을 충족시키지 못함에서 오고, 권태는 원하던 욕망을 충족시킨 후에 찾아온다고 했다. 오스카 와일드는 말했다. 인생에는 두 가지 비극이 있는데, 하나는 원하는 것을 못 가진 데에서, 또 하나는 원하는 것을 가진 데에서 온다고 했다. 오징어 게임에서 나왔던 명대사도 비슷한 맥락의 메시지를 주었다. "자네, 돈이 없는 사람과 돈이 많은 사람의 공통점이 뭔 줄 아나? 사는 게 재미없다는 거야." 욕망이 생기면 욕망을 이루고자 고통받고, 욕망이 이루어지면 권태를 겪는 것, 그것이 우리네 인생인 것 같다.

육체적이든 정신적이든 모든 고통은 행동하라는 신호라고 한다. 때문에 고통받고 있다면 하루 빨리 탈출하는 게 정상인 것이다. 하지만 우리는 직장 생활을 하며 그 고통을 인내하며 살아가고 있다. 심리학적 관점에서 보면 이러한 행위는 심각한 정신병이 아닐까.

월급이 주는 만족은 잠시다. 알 선생도 현재 사회 초년생 때에 비해 몇 곱절 많아진 월급을 받고 있다. 하지만 분위기에 휩쓸려 보내는 아이의 사교육비, 몇 년마다 유행 따라 바꾼 최신형 핸드폰에 숨겨진 할부금, 몇 편 보지도 않는 넷플릭스 정기구독료 등 생각 없는 소비로 인해 월급은 고스란히 카드사로 입금되고 만다. 곧바로 이어지는 것은 버티고 견뎌 내야 하는 회사 생활, 그럼에도 탈출할 생각을 못 한다. 정신병도 이런 심각한 정신병이 없다.

그래도 월급이다. 월급이라도 받지 못하면 생계형 노예들은 아무것도 할 수 없다. 시간은 빠르게 흐르고 몸은 늙고 근육은 없어지며 관절은 닳아 아프기 시작한다. 죽을 날이 생각보다 빠르게 다가오고 있지만 돈의 노예는 스트레스를 받아도 회사를 탈출하기보다 더욱 목을 맨다. 미래가 없다. 하고 싶은 것 하나도 하지 못한 채 죽음을 향해 달려가고 있다.

자본주의 그리고 집

요즘 흔히 듣는 주변 이야기 중 하나가 어떤 운 좋은 사람들이 갑자기 집을 3채나 갖게 되었다는 이야기이다. 친가와 처가 부모들이 돌아가시면서 양쪽 부모들로부터 집을 상속 받은 덕에 본인 거주 집까지 포함해 3채가 되었다는 스토리다.

아직도 밥을 굶는 아이들이 많다는 대한민국인데, 참 팔자 좋다. 없는 사람들은 전세금도 없어 월세를 전전하지만 있는 사람들은 갑자기 상속 받은 집 때문에 세금 걱정을 한다. 만약 그 집 중 두 채를 처분해

10억을 마련했다고 가정해 보자. 그 돈을 은행에만 맡겨도 이자만으로 연 5천만 원 상당의 수익이 생긴다. 이는 연봉으로 치면 세전 7천만 원 이상에 상응하는 액수이다. 스트레스를 받으며 회사를 다닐 필요가 없다. 자본주의에서 가진 자는 너무 많이 갖고 있고, 없는 사람은 너무 빈곤하다.

런던에서 일하는 후배에게 한 번은 그곳에서 일하는 일상이 부럽다는 말을 전했다. 하지만 돌아온 대답은 의외였다. 월급 받으면 거주지 월세 내기도 벅차단다. 하긴 고용주 입장이라면 자국민을 놔두고 고용한 외노자에게 얼마나 많은 월급을 주겠는가? 일부 후배들의 경우, 그래서 한국에 계신 부모님들께 돈을 받아 겨우 먹고산다고 한다. 그들에게도 저축은 사치였다. 외국에서 경력은 쌓는다고 하지만 나중에 한국에 들어왔을 때 서울에서 무슨 돈으로 거주지를 장만할 것인가? 런던도 자본주의의 첨단인 곳, 그러니 그곳도 집이 문제였다.

집만 갖고 얘기하자면 알 선생은 운이 좋은 것 같다. 요즘 회사에 들어오는 신입직원들과 이야기를 하다 보면 다들 집 걱정을 많이 한다. 결혼을 하려면 집을 구입해야 하는데 요즘 집값이 너무 비싸다. 평범한 국민 평형 아파트를 사려고 해도 최소 6억-7억 원인데 신입 직원이 정년 때까지 열심히 돈을 모아도 아마 모기지를 다 갚지 못할 것이다. 안타깝다.

알 선생이 서울 구파발에 위치한 은평 뉴타운에 거주하고 있었을 때였다. 다니던 회사는 삼성동에 위치한 아셈 타워였는데, 출퇴근 시간만 편도 2시간 이상 소요되었다. 밤 10시에 퇴근하면 12시경 집에 도착했다. 씻고 잠자는 아들 얼굴 보고 아내와 이런저런 대화를 하다 보면 잠자리에 드는 시간은 빨라야 새벽 1시쯤이었다. 다음 날 8시까지 출근하려면 6시에는 지하철을 탔어야 했고, 그래서 새벽 5시쯤 일어나 씻고 밥 먹고 집을 나섰다. 항상 피로에 찌들어 살았다. 그래서 회사와 가까운 강남으로 이사하고 싶었다. 하지만 돈이 없었고, 돈이 없는 죄로 계속 힘들게 회사를 다녀야 했다.

인생을 바꾸려면 공간(장소), 시간, 만나는 사람을 바꾸라는 말이 있다. 알 선생이 집 문제를 심각히 고심한 것도 그 말에 공감해서였다. 특히 아이 교육 문제를 고심했을 때에는 캐나다 이민을 진지하게 고려한 적도 있었다. 역시 걸림돌은 집과 자본이었다. 밴쿠버나 토론토로 이민 가면 기본적으로 맞벌이를 해야 겨우 최저 생활이 가능했다. 캐나다에서도 집을 구매하지 못하면 월급의 대부분을 월세로 상납하야 했다. 집을 쉽게 장만할 능력이 없는 빈자에게는 이민도 대안이 아니었다.

몇 년 전, 부동산 중개업소에서 전화가 왔다. 매수자가 여럿 있는데 매물이 없다며 집을 팔라는 전화였다. 중개업소가 제시한 매각 차에 따른 수익은 알 선생이 15년간 받을 현재의 세후 연봉과 같은 액수였다. 하지만 팔지 않았다. 대형 금융공기업의 지방 이전, 요트 경기장 재개발 및 부산 엑스포 개최라는 대형 호재가 기다리고 있는 만큼 아파트 가격이 더 오를 것이라고 생각했기 때문이다. 하지만 탐욕이 컸다. 그 후 집값은 폭락해 버렸고 현재는 매수자들이 자취를 감췄다. 순간의 오판과 욕심으로 15년 치 세후 연봉이 사라져 버렸다.

알 선생은 해양대 후배들이 이 같은 덫에 빠지지 않기를 바란다. 기득권이 만들어 놓은 월세나 모기지 시스템 안으로 들어가 그들이 원하는 자본 소득의 노예가 되지 않기 바란다. 배를 타서 자본을 확보한 다음 당당하게 아파트를 구입해서 서울로 진입했으면 좋겠다.

경제적 자립의 중요성

30대 후반에 접어든 이래, 알 선생은 계속 묻고 있다. 만약 돈과 시간이 충분하다면 무슨 일을 할 것인가? 우선 세계 여행을 다니고 싶다. 관절과 근육이 버틸 수 있을 때 가보고 싶었던 세계 곳곳을 여행하고 싶다. 유럽은 어느 정도 둘러보았으니 북미와 남미 등지를 돌아다녀 보고 싶다. 그 후에는 좋아하는 일 실컷 하면서 살고 싶다. 물론 판타지이다. 여행과 좋아하는 일을 마음껏 하며 살 수 있는 상황이란 경제적 자립을 전제로 한다. 경제적 자립 없이는 생계 해결이 최우선이기에 불가피하게 종속적인 삶을 살아내야 한다.

요즘은 알 선생이 잘하는 일로 남에게 도움을 주며 살고도 싶다. 잘하는 일이란 당연히 선박금융이다. 하지만 이내 고개를 젓는다. 그 또한 경제적 자립이 되지 않은 상황에서 생계 수단이 되어 버리면 결국 그 일도 알 선생을 지옥으로 빠뜨릴 것 같기 때문이다. 역시 경제적 자립이 중요하다.

경제적 자립이 가져다주는 가장 큰 혜택은 다름 아닌 자유로운 삶이다. 하기 싫은 일을 하지 않을 수 있다. 꼴 보기 싫은 사람을 보지 않아도 된다. 불합리하고 부조리한 업무를 거부할 수 있다. 그래서 대학 졸업 후 최우선 목표로 삼아야 했던 것은 경제적 자립이어야 했다. 겉만 번지르르한 노예를 선택하지 말아야 했다. 똑같이 서울대를 나와도 그 선택에 따라 삶이 달라진다. 누군가는 학원을 운영하며 한 달에 수천만 원을 벌며 포르쉐를 몬다. 반면 누군가는 한 달 3백~4백만 원의 월급 때문에 대기업을 다니며 업무와 인간관계의 스트레스 속에서 산다. 학벌이 중요한 게 아니다. 자본주의 사회에서 경제적 자립을 못 하면 서울대를 나온들 삶이 괴롭고 원하는 삶을 살기 어렵다.

알 선생 역시 어디에서부터 잘못되는지 돌이켜본다. 대체 지난 20여 년간 받아 온 월급은 모두 어디로 가 버렸을까? 어떻게든 지출을 줄이고 돈을 모아 투자를 했어야 했다. 그렇지 못한 결과, 끝내 40대 후반이 되도록 경제적 자립을 못 한 루저가 되었다. 더 절망스러운 것은 내 아이도 나처럼 루저로 살게 될까 두렵다는 것이다. 경제적으로 자립하지 못하면 인생의 여러 기회를 계속 포기하게 된다. 처자식이 있는 사람이라면 더욱 그렇다. 중년의 남자는 쉴 수 있지만 중년의 아버지는 쉴 수 없다. 해양대 후배들은 졸업 후 최우선 목표가 경제적 자립이기를 바란다.

박수 칠 때 떠났어야

알 선생은 이른바 기득권이 존재하는 조직에 경력직으로 들어왔음에도 제법 의미 있는 작품들을 만들어 내는 성과를 거두었다. 보람도 느꼈지만 지저분한 꼴도 많이 보았다. 가장 괴로웠던 것은 힘들게 고생하며 만든 성과를 남에게 빼앗겼을 때였다. 아무래도 큰 조직이었던 만큼 항상 질투와 음해가 난무했고, 알 선생 같이 처세에 능하지 못한 경우 그 타깃이 되기 십상이었다. 일부 질 나쁜 인간들의 협업으로 나쁜 놈으로 매도되기까지도 했다.

실적만 갖고 회사를 그만둘 수도 있었다. 하지만 운이 좋았다고 해야 할지 나빴다고 해야 할지, 알 선생의 어려움을 알아주는 인성 좋은 공채 출신 상사들과 동료들 덕분에 지금까지 근무하게 되었다. 이제는 나이 때문에 이직은 접었고, 현실에 순응하며 살고 있다.

결코 내가 기대하는 보상은 돌아오지 않는 곳이 회사이다. 선박금융 업무를 수행하며 많은 분들을 신규 선주로 만들어 드렸고, 기존 선주분들이 선대를 늘리는 데에도 도움을 주었다. 하지만 스스로 선주가 되지 않는 한, 돌아오는 것은 자기만족과 보람뿐이다. 선주가 된 그분들은 알 선생을 기억조차 못 한다. 그렇다고 회사가 알아주는 것도 없다. 노예처럼 일해서 성과를 창출해 봐야 회사는 노예의 희생을 진심으로 고마워하지 않는다.

선주가 되어야 한다. 그것만이 어쩌면 이 업계에서 일해서 얻는 유일한 보상일지 모른다. 알량한 지위로 갑질이나 해대는 대기업 용선 담당자는 벤츠를 몰기 어렵다. 하지만 갑질을 당하며 fixture를 내는 용선 브로커들은 부자로 살 수 있다.

잘못된 선택

중·고등학교 시절, 반에 패거리를 지어 약자를 괴롭히던 애들이 있었다. 보기 거슬렸으나 괴롭힘의 타깃이 되기 싫어 방관했다. 물론 싸워 이길 자신도 없었다. 일 대 일이면 어떻게라도 해 보겠는데 3~4명의 일당들과 싸울 생각을 하니 아찔했다. 약한 애들부터 괴롭히던 그 무리가 새 표적을 물색하던 중 내가 엮이는 상황이 발생했다. 결국 싸움이 벌어졌고, 몰매를 맞고 말았다. 육체적 고통은 순간이었지만 자존심에 큰 상처를 받았다. 나도 패거리를 만들든지 다른 패거리에 들어

갈까도 생각해 봤지만 내 기질과 가치관에 맞지 않았다. 그래서 복수를 생각하지 않았고, 그렇게 학년이 바뀌어 그들과 헤어졌다. 졸업하고 사회에 나가면 더 이상 이런 문제는 생기지 않으리라 기대하면서.

착각이었다. 사회도 크게 다르진 않았다. 하지만 알 선생은 업무를 배우고 내공을 쌓아 실적을 내는 데에만 열중했다. PM을 하며 항상 업무를 주도했고 성과도 잘 창출했기에 가는 조직마다 인정을 받았다. 설혹 지저분한 정치적 이슈가 생길 기미가 보이면 이직을 해 버렸다. 젊고 자신감이 있었으니까. 하지만 계속 피할 수는 없었다. 인원 많은 큰 조직에 들어와 나이가 들어 이직이 어려워지자 학교 다닐 때 겪었던 문제가 다시금 불거졌다.

새로 이직한 곳은 큰 조직답게 패거리를 만들어 정치하는 인간들로 넘쳐났다. 심지어 일은 뒷전인 것 마냥 회사를 다니는 사람도 보였다. 그래도 사내 정치가 싫었던 알 선생은 일에만 집중했다. 시기, 질투, 음해를 하는 인간들과 실적을 가로채려는 인간들이 주변에 넘치고, 알 선생은 마치 고등학교 때처럼 그들의 정치적 공격에 속수무책 당했다. 처세에 능하지 못하며 세력이 없던 알 선생은 고립되어 갔고 스트레스를 많이 받았다. 우리 사회 패거리 문화는 중·고등학교 시기의 문화만은 아니었다.

큰 조직에서 직장 생활을 하다 보면 운 좋게 인격적으로 성숙한 상사를 만나 행복한 직장 생활을 할 수도 있지만 확률적으로 소시오패스나 갑질을 행하는 상사를 만날 확률이 더 높다. 그들의 지시와 통제 아래에서 월급을 받고 살아가다 보면 굴욕감을 느낀다. 하지만 이 비루한 현실은 내 선택의 결과이자 경제적 자립을 하지 못한 내 잘못에 기인한다. 남들과 다른 삶을 살려면 남들과 다른 선택을 했어야 했다. 알 선생도 처음에는 남들과 다르게 해양대를 선택했다. 하지만 이후 어리석게도 승선을 포기하고 남들과 같은 육상 근무를 택했다. 그 결과 남들과 같은 노후를 걱정하는 노예 생활을 하고 있고 여전히 경제적 자립을 못 하고 있다.

똑같이 서울에서 직장 생활을 하던 중 뒤늦게나마 자신의 길이 아님을 깨우치고 연수원을 졸업해 승선한 알 선생의 친동생이 있다. 동생은 세후 연봉으로 금융 공기업 25년차 연봉을 훌쩍 넘는 돈을 받고 있으며, 그에 더해 성과급만으로도 수천만 원을 받는다. 알 선생과 같은 선택만 하지 않는다면 은행의 노예가 되지 않아도 된다는 실례이다. 출퇴근으로 시간을 낭비하지 않아도 되며, 통장에는 고스란히 월급이 쌓이고, 휴가 때면 부모님 집에서 지낼 수 있다.

오래전 학창 시절 패거리를 만들어 애들을 괴롭히던 그 녀석을 마주친 적이 있다. 해양대 졸업 후 해군장교로 임관하여 초군반 교육을 받을 때였다. 하루는 고향 축제에 갔는데, 현장을 돌다 보니 조폭들을 대

동하고 노점상 자릿세를 거두는 놈들이 있었다. 우두머리인 듯 보이는 사람의 얼굴이 낯익었다. 그 녀석이었다. 오랜만에 인사를 나누었다. 녀석은 스스로가 몹시 자랑스러운 듯 거들먹거리며 행동했다. 삶이란 그저 주어진 길을 걷는 것뿐일까. 지금의 내 모습을 보고 있자니, 그 녀석이나 나나 다를 게 없다. 해양대 후배들은 남과 다른 선택을 통해 남과 다른 삶을 살기를 소망한다.

육상에 답은 없었다

해양대 재학 중 진로를 두고 고심한 적이 있었다. 알 선생의 경우 선배들로부터 육상에 답이 있다고 들었고, 그렇게 믿었다. 그래서 사회초년생 시절에는 연봉 따위는 전혀 중요히 여기지 않았다. 젊을 때에는 업무를 배우고 지식과 경험을 쌓아야 한다고 생각했다. 시간이 지나 경력이 쌓이고 전문가가 되면 돈은 저절로 따라올 것이라고 믿었다.

적은 월급이었지만 혼자였기에 서울 생활도 문제없었다. 돈보다는 늘 시간이 부족했다. 공부해야 할 지식이 너무 많았기 때문이다. 선박 S&P, Chartering, 금융, 회계, 세무, 해상법, 해상보험, 외환, 파생상품 등 습득해야 할 지식이 광범위했다. 그래서 매일 자정까지 일과 공부를 병행했고, 주말에도 사무실에 나왔다. 수면 부족에 시달렸고 체중은 불어났지만 젊었기에 몸이 견뎌 주었다. 영업 때문에 좋아하지 않는 술을 목구멍에 쏟아부어야 했지만 괜찮았다. 오직 일과 공부에 매진하다 보면 언젠가 크게 보상받으리라 기대했으니까.

막연한 기대였다. 시간이 지나면 연봉이 급속히 오르고 큰돈을 저축하게 되리라 보았지만 그런 일은 일어나지 않았다. 유학까지 다녀온 나의 연봉이 세전 3천만 원도 되지 않을 때, 승선한 동기들은 세후 5천만 원 이상의 연봉을 받고 있었다. 거의 매일 자정까지 일하고 주말이면 회사나 도서관에서 살았기에 개인적으로 돈 쓸 일도 없었지만 월급이 적다 보니 모인 돈도 얼마 되지 않았다. 사회생활에 필요한 경조사 비용만 매달 수십만 원, 오피스텔 월세와 관리비, 교통비, 품위 유지비, 자기계발비로 돈은 계속 빠져나갔기 때문이다. 반면 승선한 동기들은 지상 생활과 달리 정말로 돈 쓸 일이 별로 없기에 받은 연봉 거의 모두를 모으고 있었다.

외국계 은행으로 이직해서야 연봉 수준이 어느 정도 정상화되었지만 이미 선장이 된 동기들의 수입에는 훨씬 못 미쳤다. 서울에서 결혼을 하고 애를 키우다 보니 아파트 전세금이 필요했다. 악착같이 모아 둔 돈도 유학 비용으로 써 버린 탓에 은행의 노예 생활이 시작되었다. 차 한 대 구입할 여유도 없었다. 그래도 차는 있어야겠다 싶어 주말 외식과 여행을 포기하며 돈을 모아나갔지만 전세만기 시점에 보증금이 5천~6천만 원씩 오른 탓에 빚은 더욱 불어났다. 그 즈음 하루는 아이가 새벽에 열이 40도까지 올라 근처 지하철역에서 택시를 잡아 병원을 갔다. 그때 집으로 돌아오며 느꼈던 서러움은 정말이지 잊을 수가 없다. 30대 후반이었던 당시 계속 승선을 했던 동기들은 지방 아파트를 몇 채씩이나 구입하고 상가도 샀다는데, 유학을 다녀온 나는 겨우 전세금 1억이 재산의 전부였다. 동기들의 아파트와 상가는 그 후 몇 배씩 가격이 폭등했다고 한다.

물론 업무적 성취도 있었기에 육상의 직장 생활에 보람이 전혀 없었던 것은 아니었다. 시장의 주목을 받았던 선박펀드 상품, 아니 어쩌면 작품이라 할 만한 상품들도 제법 만들었다. 국내 최초 3개월마다 감자가 발생하는 100% 공모형 선박펀드 상품도 만들었다. 상품은 본의 아니게 예탁결제원을 괴롭혔을 정도로 참신했다. 예탁결제원이 해당 상품에 대응할 시스템을 갖추고 있지 못했기 때문이다. 또 국내 최초로 해운사 신용도를 이용한 CCIRS를 선박펀드에 접목해 중소 선사에 달러 선박금융을 지원한 적도 있다. 2000년대 중반에는 우리나라 최초의 관공선 펀드인 〈거북선 펀드〉를 론칭하기도 했다.

'최초'라는 타이틀만으로도 각광받을 만한 여러 성과를 이뤄 냈지만 거기까지였다. 알 선생 역시 여느 회사원들과 마찬가지로 소모품에 불과했다. 수익 창출에 막대한 기여를 하며 회사 성장에 일조했지만 분배는 공평하지 않았다. 회사 입장에서 알 선생은 싼값에 쓰다 버리면 그만인 존재였고, 시장에는 그런 인적 자원들이 차고 넘쳤다. 알 선생에게 남은 것은 마음의 상처와 망가진 몸뿐이었다. 건강검진을 하니 당 수치가 기준치를 넘어섰고 여기저기 용종이 튀어나왔으며 혈압은 170~180을 넘나들었다. 한번은 혈압으로 인해 예정된 내시경 검사를 반려당하기도 했다. 어디 나뿐이겠는가. 최근 들어 동기와 후배들의 뇌출혈, 암 그리고 사망 소식을 심심치 않게 듣는다. 젊은 시절 어리석게들 몸을 혹사한 대가이다.

꿈이었던 선주는 그렇게 허상이 되고 말았다. 선주가 되려면 투자 자본금이 있어야 하는데, 육상 월급쟁이로는 그 돈을 모으기란 여간 쉽지 않았다. 이직을 통해 연봉은 많이 올랐으나 여전히 선장 연봉에는 한참 못 미치는 돈을 받고 있고, 그 사이 식구는 늘어 씀씀이는 더욱 커졌다. 서울에서 근무하시던 주변 선배님들을 보니 대부분 40대 후반에 퇴직해 아파트 관리인, 대리운전, 피자 또는 통닭집을 오픈하셨다. 충격이었다. 한때는 해운업계의 인재들이셨는데, 자식들은 대학 공부도 못 마친 상태였고 노후 준비는 전혀 안 되어 있으셨다. 돈 들어갈 곳이 너무 많다며 걱정하시는 선배님들의 모습이 너무 처량해 보였다. 몇몇 선배님들은 재승선을 하고 싶어 하셨다. 하지만 새까만 후배들 밑에서 승선 생활을 하자니 엄두가 안 나신다 하셨다. 당연히 알 선생의 미래도 걱정되기 시작했다. 돌이켜보면 그때가 재승선을 했어야 할 마지막 기회였다. 시간이 지나니 이제 알 선생도 후배들 밑에서 욕먹으며 승선하기 겁난다. 진작 바다에서 답을 구했어야 했다.

해양대 출신은 선주가 되어야 한다

선주가 되기에 가장 확률 높은 선택지는 육상 근무가 아니라 승선이다. 후배들도 알겠지만 승선을 선택할 경우 30대 초반이면 어렵지 않게 선장이 될 수 있으며, 연봉은 대기업 부장 월급보다 훨씬 많다. 더 나아가 도선사가 되면 선장의 최소 3배 이상의 연봉을 받는다. 반면 대기업 부장이 되기란 최소 20년 이상 영혼과 몸과 시간을 갈아 넣어도 어려우며, 부장이 된들 연봉은 몇 푼 되지 않는다. 인생에 정답이야 없겠지만 해양대를 졸업했다면 선주는 한번 해 봐야 하지 않겠는가?

후배들이 살아갈 사회는 자본주의 사회이다. 어떤 선택이 더 나은 선택일까? 중고등학교 때 막대한 교육비를 투입하여 명문대를 나와 대기업에 들어간들 40대 후반이면 퇴직당해 실업자가 되고 만다. 요즘 해기사들은 건강만 허락된다면 보통 60대 후반까지 일할 수 있다고 한다. 알 선생은 후배들이 승선을 혐오하거나 육상 근무에 대한 환상을 갖기보다는 승선으로 자본을 모아 종국에는 선주가 되기를 응원한다.

저출산 고령화 시대에도 사라지지 않을 직업

출생률이 급감해 가는 시대, 여기저기서 어두운 징조들을 말한다. 100만 명이 넘었던 입시 응시생이 조만간 30만 명대로 급감한다고 한다. 지방 대학교는 입학생 수가 현저히 줄어들어 폐교 위기에 봉착했다고 난리다. 저출산 시대는 여러모로 경제에 악영향을 끼친다. 아파트 가격을 비롯해 기업과 산업에도 영향을 미치고 정부도 세수 확보에 어려움을 겪게 된다. 저출산 세대들이 자라서 돈을 벌 때가 되면 개인당 세금을 대체 얼마나 떼어야 할까? 상상만 해도 끔찍하다.

부모들의 고심도 깊다. 미래에 사라질 직업과 유망한 직업을 분석하지만 어떤 산업이 계속 생존하고 유지될지 판단하기 쉽지 않다. 다만 한 가지 예상할 수 있는 바가 있다면 미래에는 직장 생활 중 갑질과 폭언에 시달리지 않아도 될 공산이 크다는 점이다. 출산율이 높았던 과거와 현재에는 노동인구가 많다 보니 경쟁이 치열했고, 그래서 부족한 일자리를 잃을까 직장 내 폭력을 감내해야 했지만 미래에는 인력을 구걸하는 세상이 될 것 같기 때문이다.

고령화도 문제이다. 예전 세대들은 정년퇴직 후 얼마 못 살고 죽었지만 이제는 100세 시대이다. 직장 생활을 한 시간만큼을 은퇴 후 더 살아야 한다. 그러려면 노후 자금이 필요하다. 하지만 지금의 빈부 격

차에서 노후 걱정을 하지 않는 사람이 얼마나 될까? 그래서 빈자는 아끼고 돈을 모아 경제적 자립을 위해 살아야 한다. 해양대를 나온다면 승선을 하고 자본을 모아 선주가 되어야 한다. 저출산 고령화 시대에도 바다는 존재하고 배는 필요할 것이니 말이다.

해양대 출신의 히든카드

얼마 전 졸업 후 처음으로 해양대 졸업생 체육대회에 참석했다. 고향 동문 후배를 그곳에서 만났는데 영국계 선사의 LNG선 기관장을 하고 있었다. 승선으로 받는 월급이 2만 2천 불을 넘는다고 했다. 비과세 혜택까지 고려했을 때 육상 직장 월급으로 환산하면 25년 경력의 대기업 부장 월급의 3~4배 수준의 어마어마한 액수이다. 일전에 외국계 선사의 선장이 된 후배의 유튜브를 보았던 게 생각났다. 요즘 선장들은 세후 월 1,000만 원 이상을 받고 3개월 승선 후 3개월 휴가를 가진다고 한다. 물론 휴가 때도 승선 때와 동일한 월급이 나온다고 한다. 스트레스가 가득하고 언제 버려질지 모르는 파리 목숨의 육상 월급쟁이와는 비교할 바가 아니다.

알 선생도 과거로 돌아가 봤다. 만약 20대에 영어 성적이 미달이었고 기타 조건들이 충분하지 못해 영국 대학원에 입학하지 못했다면 어땠을까? 작은 실패였겠지만, 그로 인해 아마도 다시 승선을 했을 것이고 선장이 되었을지 모른다. 지금쯤 선주나 도선사가 되어 훨씬 윤택한 삶을 살았을지 모른다. 그렇게 보면 작은 실패는 인생 전체의 실패가 아닌 또 다른 성공을 위한 전환점일 수 있다. 오히려 실패 뒤에 더 멋진 인생이 펼쳐졌을 수도 있다.

자본을 모으고 경제적 자립을 해서 알 선생만의 비즈니스를 했어야 했다. 노예 생활이란 관노비이든 사노비이든 똑같다. 알 선생도 새로운 조직에 들어가 펀드를 조성하고 가시적 성과를 내었을 때 많은 보람과 희열을 느꼈다. 새로운 프로젝트를 성공시키며 얻는 성취감은 정말 대단했다. 하지만 행복도 잠시, 이내 그 성과에 숟가락을 놓으려 하거나 공을 가로채려는 이들이 나타났고, 성공한 프로젝트가 관리 영역에 들어가자 정치력이 더 중요해지면서 지저분한 상황들이 발생했다.

물론 꼭 창업만이 답이라고 말하는 것은 아니다. 사람마다 창업에 맞는 경우가 있고 수성에 적합한 경우가 있을 것이다. 하지만 수성 쪽이라고 해도 유의해야 할 점이 있다. 관리 전문가라면 적절한 포지션과 권한을 획득해야 수성 업무에 매진할 수 있는데, 기존 기득권이 해당 포지션과 권한을 독식하고 있다면 최소한 그런 조직에는 결코 들어가선 안 된다. 어떤 조직이든 그 속에는 기득권이 존재하고 그들이 만든 게임의 룰에 따를 수밖에 없기 때문이다.

게임의 룰이 마음에 들지 않아 게임장을 박차고 나올 수도 있다. 하지만 생각처럼 쉽게 되지 않는다. 처자식 생각하며 먹고 살기 위해서는 어쩔 수 없이 순응하며 살아내야 한다. 게임에 순응하고 인내하다 보면 시간이 지나 운 좋게 그 게임장의 기득권이 될 수도 있다. 하지만 그 확률은 매우 희박하다. 그래서 본인만의 히든카드를 꼭 만들어야 한다. 해양대 출신에게는 승선이라는 히든카드가 있다. 처음에는 육상에서 시작했더라도 결정적인 순간에는 그 카드를 꺼내들 수 있어야 한다.

흙수저에게 유학은 사치다

은퇴한 선배들을 보며 육상에서 근무하는 해양대 졸업생들의 현실을 깨달았을 즈음, 한 후배가 알 선생을 찾아와 유학에 관해 조언을 구했다. 알 선생은 승선을 계속해서 경제적 자립을 우선 실현하라고 조언했다. 이후 후배는 나를 꼴통 해양대 선배라고 씹고 다녔다(물론 친하게 지내고 있다). 결국 후배는 유학을 다녀왔고, 지금 서울에서 대기업을 다니고 있다. 그런 후배가 최근 알 선생에게 말했다. “형님 말씀이 옳았어요.”

근래에도 기수 차이가 아주 많이 나는 후배가 유학을 가고 싶다며 찾아왔다. 나는 물었다. “집이 부자세요? 흙수저라면 유학 가지 말고 승선을 계속하세요. 경제적 자립이 우선입니다." 그 후배도 역시 이후 나를 욕하고 다닌다고 한다. 나는 그 후배가 꼭 성공하여 20년 후에도 나를 욕했으면 좋겠다.

유학 생활은 즐겁다. 유럽 여행도 다닐 수 있고 여러모로 정말 행복한 시간을 누릴 수 있다. 학위를 취득하고 오면 이력서에 한 줄 더 늘릴 수 있고, 해외 유학파라며 어깨에 힘도 넣을 수 있다. 하지만 어깨에 뽕 넣고 다닐 수 있는 시기는 길어야 30대 후반까지이다. 40대에 들어서면 장기 승선을 한 동기들 앞에서 결코 뽕을 드러낼 수 없다. 실제로 대기업 화주사에서 용선을 담당하며 콧대가 하늘을 찌르던 후배가 있었다. 대선배님들이 줄을 서서 영업 차 식사 대접을 하고 깍듯이 대하니 본인이 마치 뭐라도 된 것처럼 어깨에 뽕이 잔뜩 들어가 있었다. 하지만 그런 시기도 잠깐이다. 다른 부서로 인사발령이 나는 순간 철없이 뽕 드러낸 날이 얼마나 부끄러웠는지 깨우치게 된다.

알 선생도 MBA와 MSc 그리고 Diploma까지 영국 London과 Sheffield에서 유학 생활을 했다. 행복한 시간이었지만 기회비용의 대가는 혹독했다. 경제적 자립이 안 되어 모기지에 허덕이고, 돈 때문에 자식에게 충분한 교육 기회도 제공하지 못하고 있다. 20대에 『부자 아빠 가난한 아빠』를 읽으며 부자 아빠가 되겠다고 다짐했건만 가난한 아빠의 전형적인 모습으로 살고 있다. 참으로 부끄럽다.

극적인 반전 사례도 있기는 하다. 영국에서 해상법 LLM을 졸업한 알 선생의 친동생의 케이스이다. 서울에서 직장 생활을 하던 동생은 미래도 안 보이고 돈도 안 모인다며 회사를 그만두었다. 그리고 곧 해기사 양성 연수원에 들어갔고 승선 생활을 시작했다. 3등 항해사로 시작해 지금은 벌크선 일등 항해사가 되었고, 승선한 지 얼마 되지도 않았는데, 지방 도시 중심지에 위치한 아파트 한 채를 대출 없이 구입했다. 50을 바라보는 이 형은 모기지 가득한 아파트 한 채뿐인데.

물론 인생에 정답은 없다. 단지 선택만 있을 뿐이다. 선택이란 하나를 택하면서 나머지를 포기하는 것이다. 그래도 해양대 졸업생들은 승선이라는 마지막 카드가 있다. 일반대 출신들은 졸업 후 사회에 나오면 취업의 바늘구멍을 통과해야 하고, 취업에 성공한다고 해도 50이 되기 전 실직을 맞이해야 한다. 이런 점에서 해양대는 얼마나 좋은 학교인가? 흙수저 해양대 후배들이라면 그대들이 지닌 특혜가 무엇인지 명확히 성찰해 보았으면 한다.

승선해야 하는 이유 1 - 경제적 자립

승선의 가장 큰 장점은 거듭 말하지만 경제적 자립이다. 해양대를 졸업하면 30대 초반에 선장이나 기관장이 되며, 외국계 해운 회사 소속일 경우 국내 육상 근무자의 세전 연봉으로 환산하면 연봉은 2억 원을 훨씬 뛰어넘는 금액이다. 국익을 위해 바다에서 고생하는 선원들에게 주는 비과세 혜택 덕분이다.

육상에서라면 20년 이상 근속을 해도 그 절반에 해당하는 연봉도 받기 어렵다. 어디 그뿐인가. 육상 근무를 하게 되면 이래저래 돈이 샌다. 서울 경기권에 연고지가 없는 직장인 초년생이 서울에서 직장을 얻을 경우 월세, 관리비, 품위유지비 등은 기본이고, 원만한 사회생활 유지에 필요한 경조사 비용도 발생한다. 한마디로 사람 노릇 하며 직장 생활을 한다면 연 천만 원 저축도 쉽지 않다.

결혼을 하고 가족이 생기게 되면 더욱 돈을 모으기 쉽지 않다. 한 달에 단돈 100만 원 저축하기도 버겁다. 어쨌든 1년에 천만 원을 저축한다고 가정해 보자. 30년 근속 후 퇴직금까지 합친들 서울에 아파트 한 채는 살 수 있을까? 요즘 서울에 있는 국민평수 아파트를 사려면 10억 원은 필요하다. 그렇다고 모기지 대출을 잔뜩 당겨 아파트를 구입하면 인생의 황금기인 30대와 40대를 이자와 원금을 갚기 위해 돈을 벌어야 한다.

그렇다면 싱글을 고수하며 육상에서 직장 생활을 이어가면 어떨까? 책임져야 할 식구가 없다면 돈을 모을 수 있지 않을까? 그래도 돈이 쌓여 가는 속도와 규모는 승선 생활을 이길 수 없다. 종자돈을 모아 선박을 살 수 있는 사람은 단연코 승선을 계속한 사람이라고 생각한다.

알 선생은 젊은 시절 승선이 시간 낭비라고 생각했다. 오만한 착각이었다. 세월이 흐르고 보니 승선은 경제적 자립을 하여 선주가 되기에 가장 빠른 길이었고, 오히려 시간을 버는 길이었다. 40대가 되어 보니 아주 명확히 비교할 수 있게 되었다. 승선을 계속했던 동기들과 상선을 떠나 육상 근무를 한 동기들 사이의 경제적 자립 수준은 확연하게 벌어져 있다.

물론 승선으로 번 돈을 모으지 않고, 하선 후 도박을 하거나 유흥업소를 다니거나 고급차를 사거나 명품을 싸지르거나 집안에서 피를 빨린다면 승선도 답은 아니다. 그런 사람이라면 오히려 육상 근무를 권하고 싶다. 하지만 본인이 건전한 가치관을 갖고 살 수 있는 흙수저라면 승선만큼 좋은 신분상승의 기회는 없다.

승선해야 하는 이유 2 - 주눅들 필요 없는 삶

승선의 또 다른 메리트는 단시간 내에 선장과 기관장이 되어 선원들을 통제하는 위치에 오를 수 있다는 것이다. 20대 후반에 이미 1항사, 1기사가 되기에 일찌감치 직장 상사들로부터 괴롭힘을 당할 기회가 현저히 줄어든다. 반면 육상에서 근무하게 되면 성인군자가 되기 쉽다. 사원 때부터 성질 죽이고 인내하며 눈치 보며 윗분들에게 잘하며 동료들을 경쟁에서 이기며 부장이 될 때까지 도를 닦아야 한다. 물론 이지만 부장도 끝은 아니다. 부장 위에는 여전히 이사, 상무, 전무, 부사장, 사장이 있다.

실제로 육상의 중견급 이상 규모의 조직에서 20년 이상 생계형 직장 생활을 한 분들을 만나면 성인군자가 따로 없다. 그분들이 20년 이상 직장 생활을 하시면서 얼마나 많은 쓰레기들을 상사로 모셨거나 거래처 혹은 내부 업무 상대로 만났겠는가? 그들이 주는 갑질과 불합리한 업무 요구를 얼마나 오랜 시간 견뎌 냈겠는가? 생계를 위해 인내하고 또 인내했을 것이며, 그렇게 성숙한 인간으로 거듭났을 것이다.

반면 배를 타고 있는 동기나 선후배들은 일반적으로 언행에 거침이 없고 남의 시선이나 이목을 크게 신경 쓰지 않았다. 이와 관련, 얼마 전 알 선생은 어처구니없는 상황을 마주했다. 대출 건으로 선박검사 출장을 갔던 때였다. 현장에 도착한 다음날 선박검사 일정이 계획되어 있었으나 갑자기 일정 변경을 통보받았고, 이에 장시간 이동으로 피곤에 찌든 몸을 이끌고 조선소 도착 당일 저녁에 본선을 방문했다. 해양대 후배였던 본선 감독은 검사 차 방문한 알 선생 일행에 짜증과 성질을 부렸다. 퇴근해서 호텔에서 쉬어야 할 시간에 방문했으니 화가 났던 모양이다. 당시 알 선생은 불쾌하지 않았다. 오히려 그처럼 남 눈치 보지 않고 일해도 높은 연봉을 받을 수 있다는 사실이 너무 부러웠다.

승선을 한 해양대 후배들에게서 육상 월급쟁이들의 부드러움과 매사 눈치보고 조심하는 낮은 자세를 찾아보기란 쉽지 않다. 부러운 한편 구태여 승선의 단점을 찾자면 그 점이 사회생활에 있어 미숙함으로 드러날 수도 있다는 정도 같다. 단시간 내에 남을 통제하고 관리하는 위치에 오르는 만큼 윗사람 눈치 보고, 각종 부조리를 인내하는 법을 배울 시기를 놓치기 때문이다. 하지만 이 점이 정말 단점이라 할 수 있을까.

육상이라고 당당하게 살고 싶지 않은 게 아니다. 하지만 이직이 쉽지 않고, 이직 시 이력서에 기록으로 남기에 단 몇 번만 이직해도 재취업에 거대한 장벽이 생긴다. 그래서 육상에서 직장 생활을 하다 보면 참고 견디고 눈치보고 인내하는 법을 배우며, 어느새 나도 모르게 유순한 친절의 가면을 쓰고 있게 되는 것이다. 상급자가 무서워 상급자들의 갑질과 폭언을 참는 것이 아니다. 단지 생계를 위해 필요한 월급 몇 푼을 받아야 하기에 억지로 웃는 것이다.

물론 승선의 경우도 인성 쓰레기 내지는 꼴통 상급자를 만날 수 있다. 하지만 그런 사람과 같이 승선을 하더라도 6개월만 꾹 참고 하선하면 그만이다. 좋은 회사의 경우 3개월만 승선하면 된다. 또 승선하는 동안 당직 시간이 다르기에 상급자와 부딪칠 일을 최소화할 여지도 있다. 더불어 선박관리 회사에서도 하급 해기사나 선원들이 배를 떠나지 않도록 하급자 하선이 잦은 선박의 상급자들을 잘 관리할 수도 있다. 육상 근무와 달리 승선은 자존감을 지키며 돈을 벌 수 있는 길이다.

승선해야 하는 이유 3 - 충분한 자유 시간

휴가와 휴직이 충분히 주어진다는 것도 승선의 장점이다. 직장 생활을 20여 년 이상 하다 보면 극심한 번아웃을 한 번쯤 경험하게 된다. 알 선생도 40대 중반에 번아웃이 왔다. 건강도 악화되어서 1~2년의 재충전 시간을 갖고 싶은 마음 간절했다. 하지만 언감생심, 승선을 할 경우 1~3개월의 휴가가 있고 휴직도 비교적 자유롭지만 육상의 직장 생활에서 안식년을 갖기란 거의 불가능하다. 반면 1등 항해사인 알 선생의 친동생은 몇 년 전 재충전의 시간이 필요하다며 1년간 휴직하고 캐나다로 어학연수를 떠났다. 페이스북에서 알게 된 후배 한 명은 승선을 해서 모은 돈으로 세계 곳곳을 돌아다니고 있고, 돈이 떨어지면 다시 승선해 살아가고 있다. 하지만 생계형 육상 근무자는 그런 안식년을 꿈도 꾸지 못한다. 워라벨을 추구한다면 승선을 추천한다.

선주가 되는 단순 명확한 길

직장 생활을 하면서 제일 행복했을 때가 언제였는지 생각해 본다. 고심할 것 없이 떠오른다. 바로 해운 및 선박금융을 배워 가던 시절이었다. 그때는 꿈이 있었고, 이뤄 낼 수 있다고 믿었다.

외국계 은행에 근무할 당시 업무 차 K3 기관 분들을 모시고 일본 선주들을 방문했을 때는 마냥 행복했다. 이분은 어떻게 선주가 되었을까? 어떤 성공 스토리가 있을까? 해당 회사에서 선박관리와 선원관리 업무를 하시는 해양대 선배님들의 이야기도 궁금했다. 높은 연봉과 좋은 조건의 환경에서 근무하시는 선배님들은 마냥 행복하신 것처럼 보였다.

일본 시코쿠 선주들에 대해서도 막연한 동경심이 있었고, 시코쿠 지역 로컬 은행들도 궁금했다. 사실 자세히 알고 보면 별것 아닌 것이었지만 그때는 특별한 뭔가가 있을 거라 생각했다. 로이드 리스트나 트레이드 윈즈에서 시코쿠 선주에 관한 기사가 나오면 스크랩을 해서 보고 또 봤다. 심지어 시코쿠 선주를 깊게 알고 싶어 일본어를 배워 볼까 고민도 했다. 지금이야 시코쿠 선주에 대해 흥미도 없고 궁금하지도 않다. 로이드 리스트에 나오는 그리스 선주들 이야기도 알 선생에겐 뻔한 이야기가 되었다. 수많은 S&P와 선박금융을 조달하면서 이제는 선주가 되는 법을 너무 잘 알고 있기 때문이다.

선주가 되는 것은 쉽다. 승선을 하여 선박에 대한 이해도를 높이고 돈을 모으면 그만이다. 해양대 졸업생이라면 승선은 할 수밖에 없는 만큼 문제는 역시 자본이다. 알 선생이 생각하기에 흙수저 출신들이 선주가 되는 상대적으로 쉽고 빠른 방법은 두 가지이다. 첫 번째는 졸업 후 승선을 꾸준히 해서 종잣돈을 모은 다음 그 돈으로 주식이나 부동산 등에 투자해서 자본의 규모를 늘려 단독으로 선박을 구입하는 것이다.

또 다른 방법은 졸업 후 승선을 통해 종잣돈을 모으면 곧바로 뜻 맞는 사람들과 동업을 해서 선주가 되는 것이다. 성격이 좋거나 리더십과 협상 능력이 탁월하다면 동기나 선후배들을 규합하여 자본 규모를 쉽게 키울 수 있다. 단 동업의 경우 동업 기간을 짧게 가져가기를 권한다. 동업자도 인간이기에 갈등이 불거질 수 있기 때문이다.

자본만 마련되면 용선, 선박 매입, 선박금융과 관련된 서비스는 얼마든지 지원받을 수 있다. 자본이 준비가 되었고 진심으로 선주가 되고 싶은데 S&P, 용선, 선박금융 등의 문제로 고민하고 있다면 언제든 알 선생에게 연락하기 바란다. 금융도 마찬가지이지만 해운도 결국 사람이다. 누구와 함께 일 하는지가 성공을 좌우한다.

똑똑한 후배들의 선택

한때 편의점 점주가 되는 게 괜찮은 투자라고 소문났던 시절이 있었다. 좋은 입지를 물색해서 편의점 3~5개 정도를 오픈하고 인건비가 저렴한 아르바이트 대학생을 고용하면 소액 자본가들도 제법 많은 수익을 거둬들일 수 있었다. 대신 야간 아르바이트생들은 술 취한 진상 손님들의 감정 쓰레기통이 되거나 각종 범죄 위험에 노출되어야 했다. 점주가 되면 성실하고 말 잘 듣는 착한 대학생들을 고용함으로써 자본을 이용한 소득을 편하게 확보할 수 있었던 시절이었다. 하지만 법정 최저 시급이 오르고 우후죽순처럼 편의점이 생기다 보니 이제는 편의점 점주들이 편하게 돈 벌기 쉽지 않다고 한다. 결국 자본가들은 노예를 이용하여 돈을 벌 수 있는 또 다른 투자처를 찾아야 한다.

오래전 부산 중앙동에는 후배 선원들을 이용하여 막대한 수익 창출을 한 일부 해양대 선배들이 있었다. 선원들을 1년 이상 승선시켰고, 교대비 등을 아껴 막대한 부를 축적한 선배들이었다. 쉽게 돈을 버시던 그분들은 요즘 선원들이 너무 많은 권리를 요구한다며 불평을 쏟아내신다. 그동안 편하게 돈을 벌어 왔던 것은 잊으셨을까.

알 선생이 승선 시에도 선원에 대한 대우에 불만이 있었다. 하역 후 화물창 청소를 했는데, 당시 Charter party 내용에는 하역 후 수행하는 본선 화물창 청소 수당이 3000불로 기재되어 있었다. 그런데 본선에는 1,500불만 배정되었다. 잠도 못 자고 쉬지도 못하는 선원들이 가져가야 할 본선 화물창 청소 수당을 왜 회사에서 절반이나 뜯어 갔었는지 여전히 이해되지 않는다. 심지어 그 1,500불마저도 직급에 따라 차

등 배분되었다. 젊은 선원들이 화물창 안에서 작업량의 대부분을 처리하며 더 많은 고생을 했는데, 브릿지에서 편하게 커피 마시던 선장에게 왜 가장 많은 수당이 배정되는지 이해되지 않았다.

요즘 똑똑한 해양대 후배들은 직접 해외 해운 회사로 입사하여 좋은 근무조건을 찾아가는 것 같다. 한국 선사보다 월등히 높은 연봉, 짧은 승선 기간 그리고 잦은 휴가를 얻고 있다. 후배들이 똑똑하다 보니 이제 더 이상 후배 선원들을 쉽게 착취하여 본인의 부를 늘리는 사업구조를 유지하기 힘든 시기인 듯하다. 사장들은 다시 공부하거나 머리를 굴려 노예들이 쉽게 인지하지 못하는 또 다른 착취 시스템을 개발하려 할 것이다.

후배들이 선주가 되어 본인의 선박에 승선을 했으면 좋겠다. 친한 동기들 또는 선후배들과 협동조합을 만들어 선주가 되는 것도 대안이 될 수 있다. 남의 배나 남의 관리회사에 들어가 그들이 만들어 놓은 착취 시스템 아래 노예 생활을 하는 것보다 분명 나을 것이다. 나아가 본인들의 선박 또는 본인들의 선주회사를 소유한 상황에서 일해야 승선 생활의 보람도 더 할 것이다. 나의 소유물이 있어야 비로소 열정과 에너지도 솟구치는 법이다.

해운업계의 새로운 시스템을 위하여

선주가 늘어나야 S&P broker나 선박금융 전문가, 해운 전문 변호사들의 일거리도 많아지게 된다. 세무나 회계지식은 해운 회사 경영에도 필요하고 임직원으로 어느 조직을 들어가도 매우 중요한 필수 지식이다. 하지만 이러한 지식과 경험들은 결국 선주가 있어야 필요해지는 지식들이고 직업들이다. 한국 선주가 시장에 충분하지 않다면 선박과 관련된 한국인 전문가들도 설 자리가 없다.

선주 이전의 근간은 역시 선원이다. 선원이 있어야 선주가 될 수 있고, 해운 관련 변호사쟁이, 회계쟁이, 금융쟁이들도 먹고산다. 금융 중심지 타령 그만하고 이미 가지고 있지만 무시하고 천시했던 선원과 선박관리 분야를 육성하고 발전시켜 선주 양성 생태계를 만들어야 한다. 그러면 선주들이 늘어나고 금융 수요가 증가하며 관련 유관기업과 관계자들의 방문이 늘어 호텔 및 요식업에도 긍정적인 영향을 주게 될 것이다. 싱가포르처럼 말이다. 자연스럽게 금융기관 지점이 유치되면서 금융 중심지는 저절로 실현될 것이다.

물론 현실에서는 선원들이 천시받고 있다. 회계사, 변호사, 브로커, 해운사 말단 직원에게도 무시받을 때가 있다. 하지만 그들이 자본을 모아 선주가 되는 순간 위계는 일거에 바뀐다. 선원 출신 선주들이 늘어날수록 일개 해운사 말단 직원이 선원을 무시하는 일도 사라질 것이다. 선원 시절 본인을 괴롭혔던 운항 담당자가 40대 중반에 해운사에서 잘려 일자리를 구하러 돌아다닐 때, 선주로서 그들의 이력서를 검토하는 것도 즐겁지 아니하겠는가?

권리는 남이 보장해 주지 않는다. 보다 나은 승선 생활을 원하면 서로 뭉쳐서 그런 세상을 만들어야 한다. 해기사들과 선원들끼리 뭉쳐야 한다. 물론 기존의 착취 구조가 견딜 만하다며 기성 구조에서 계속 승선하면 될 것이다. 하지만 기성 구조에 불만이 있다면 뜻 맞는 동료들과 함께 본인들이 원하는 선원 그리고 해기사의 세상을 만들어가야 한다고 믿는다. 협동조합 등 어떤 형태이든 좋다. 선원과 사람들을 모으고, 돈을 모아서 이상적인 세상을 만들어 가는 것만으로 얼마나 큰 행복과 성취감을 만끽할 것인가. 본인들이 투자한 배와 회사에서 근무를 하고 그 회사가 성장한다면 경제적 자립도 그만큼 빠를 것이고, 그런 해운사는 그 어떤 선사보다 경쟁력을 가질 수밖에 없다고 본다.

개인 선주들의 자유로운 경쟁을 기대하며

알 선생은 무협 만화를 굉장히 좋아한다. 과거 우리나라 무협 만화 대부분은 HS, SMD, YSR 스튜디오에서 생산되었으며, 시장은 그들 만화로 채워졌다. 때문에 선택지가 한정적이었고, 경쟁이 약하니 만화의 스토리가 진부했다.

상황이 변한 것은 웹툰 플랫폼이 생긴 후였다. 개인 작가들이 만화를 쏟아내자 스토리도 다채로워졌고, 작품이나 그림 수준도 어마어마하게 높아져 선택지가 다양해졌다. 만화 마니아들은 요즘 너무 행복하다. 무협 만화 보는 맛도 훨씬 좋다. 역시 독과점 기득권은 무너져야 하고, 누구나 자유로이 시장에 참여할 수 있는 자유 경쟁 체제가 바람직한 것 같다.

선박 시장도 마찬가지라고 생각한다. 개인 선주들이 자유롭게 시장에 진입할 수 있어야 한다. 행동경제학적 측면에서 보자면 소수의 대규모 선주 기업이 아닌 다수의 소형 선주로 채워진 시장이 우리나라 해운업을 위해 바람직한 모델이라고 생각한다. 그러려면 무엇보다 노예들끼리 뭉쳐야 한다. 노예들끼리 뭉쳐서 회사를 설립하고 고생한 만큼 정당한 대가를 가져가야 한다. 이는 해양대 후배들에게도 좋다. 소형 선주가 많아지면 더 많은 일자리와 선택지를 제공할 수 있기 때문이다.

해운은 결국 선원들이 지배하는 게임

선진국의 깨어 있는 사람들은 종종 개발도상국이나 후진국으로 향한다. 이미 본국에서는 성공했거나 포화 상태에 이른 사업 아이템을 현지에 적용해 막대한 부를 챙기기 위함이다. 실제로 예전 일본의 자본가들이 한국에 와서 그랬다. 이후 한국의 자본가 또한 동남아시아로 향했고, 저렴한 노동력을 활용해 사업을 펼치거나 현지 부동산에 투자해 부를 쌓았다. 누구나 머리로는 그런 그림을 그려 보았겠지만 실제 그 같은 방식으로 성공한 사람들은 실행에 옮긴 사람들이었다.

선박 사업도 마찬가지이다. 그리스와 일본 선주들은 그간 몇 세대에 걸쳐 CAPEX 우위를 통하여 선주 사업을 했고 쉽게 돈을 벌었다. 자본이 충분치 않아도 투자를 시작할 수 있는 소형 벌크선부터 시작하여 현재는 막대한 자본이 필요한 LNG선 선주로 성장해 있다(자세한 내용은 알 선생의 저서 『선박금융 이야기』와 『선박 투자 이야기』 참고).

문제는 일정 수준 금융 시장이 성숙하게 되면 플레이어 모두 부채를 줄이고 자본을 늘리는 전략으로 경쟁하게 된다는 것이다. 그 결과 금융 지식 및 노하우의 중요성이 상대적으로 약해지고, 결국 선박 투자가들은 CAPEX에서의 우위를 점하고자 LTV를 줄이게 된다. 회사의 신용도 등에 따라서 CAPEX에서 경쟁력 차이가 발생하기 때문이다. 이런 상황에서 신생 업체가 CAPEX에서 경쟁력 차이를 없애기 위해서는 100% 자기자본으로 선박을 구매해야 하는데, 이 경우 신생 업체도 CAPEX 경쟁력에서 전혀 문제를 겪지 않는다. CAPEX 경쟁력 차이는 자본으로 충분히 극복할 수 있다.

문제는 해운 불황이 지속되어 짧게는 6개월에서 1년 이상 시장 운임이 OPEX조차도 커버하지 못하는 상황일 때이다. 1년 이상 용선료 수입이 OPEX를 커버하지 못한다면 생존 방법은 단순하다. 선주 개인 돈으로 회사의 마이너스를 충당하든지 아니면 OPEX 금액을 용선료 수준보다 낮추든지 Debt Free 선박을 재금융하여 유동성을 확보하고 담보 대출금으로 불황기를 넘겨야 한다. Shipping is a cyclical industry! 치킨 게임에서 승자는 오래 버틸 수 있는 자이다. 선주들이 쓰러지면 시황은 올라간다.

Asset Play에서 모든 조건이 경쟁자와 같아졌을지라도 선주들은 여전히 OPEX에서 경쟁력 차이를 가져갈 수밖에 없다. 선원들이 게임을 움직이기 시작하는 순간이 바로 이때다. 해운 시장에서 경제적 우위 요소란 결국 Operating Cost인데, 이를 통제하고 이끌 수 있는 이들은 오직 선원들이기 때문이다. 알 선생이 선박 투자에 있어 그 누구도 선원을 이길 수 없다고 꾸준히 주장해 온 이유가 여기에 있다. 해운에서 부정할 수 없는 핵심 자산은 선박이고, 해운에서 가장 중요한 인적 자원은 선원들이다. 해양대생은 선주가 되어야 한다!

We can be a shipowner!!